Rieder, Bachleitner, Kagelmann (Hg.)
ErlebnisWelten
Zur Kommerzialisierung der Emotionen
in touristischen Räumen und Landschaften

Reihe
Tourismuswissenschaftliche Manuskripte
Bd. 4

Max Rieder
Reinhard Bachleitner
H. Jürgen Kagelmann
(Hrsg.)

im Auftrag der Initiative Architektur

ErlebnisWelten

Zur Kommerzialisierung der Emotionen
in touristischen Räumen und Landschaften

mit Beiträgen von
Reinhard Bachleitner, Uwe Drost, H. Jürgen Kagelmann,
Ulrike Kammerhofer-Aggermann, Alexander G. Keul,
Max Rieder, Peter Weichhart

Vorwort von Max Rieder

Profil

Anschriften der Herausgeber:

Architekt und Ingenieurkonsulent Max Rieder, Engerthstr. 221, A-1020 Wien
Univ. Prof. Dr. Reinhard Bachleitner, Universität Salzburg, Institut für Kultursoziologie, Rudolfskai 42, A-5020 Salzburg
Dr. H. Jürgen Kagelmann, Veilchenstr. 41, D-80689 München

Die Drucklegung erfolgte mit freundlicher Unterstützung durch die
INITIATIVE ARCHITEKTUR, Wolf-Dietrich-Straße, Salzburg.
Die INITIATIVE ARCHITEKTUR wird von der Stadt Salzburg,
dem Land Salzburg, dem Bundesministerium für Unterricht und Kunst
und von privaten Sponsoren unterstützt und gefördert.

Die Deutsche Bibliothek – CIP-Einheitsaufnahme

ErlebnisWelten : zur Kommerzialisierung der Emotionen in
touristischen Räumen und Landschaften / Max Rieder ... (Hrsg.). Im
Auftr. der Initiative Architektur. Mit Beitr. von Reinhard Bachleitner
... Vorw. von Max Rieder. – München ; Wien : Profil, 1998
  (Reihe tourismuswissenschaftliche Manuskripte ; Bd. 4)
  ISBN 3-89019-407-9

© 1998 Profil Verlag GmbH München Wien
Umschlagabbildung: Gemälde von R. Bachleitner
Satz: Computersatz Wirth, Regensburg/Profil-Verlag
Druck und Bindung: Druck GmbH, Regensburg.
Printed in Germany
ISBN 3-89019-407-9
Dieses Werk ist urheberrechtlich geschützt. Jede Verwertung außerhalb der engen Grenzen des Urheberrechtsgesetzes ist ohne Zustimmung des Verlages unzulässig und strafbar. Dies gilt insbesondere für Vervielfältigungen, Übersetzungen, Mikroverfilmungen und die Einspeicherung und Verarbeitung in elektronischen Systemen.

Inhalt

Max Rieder
Vorwort 7

Peter Weichhart
Regionalentwicklung im Postfordismus –
Rahmenbedingungen für das Projekt „Alpenwelt Mittersill" . . 9

Max Rieder
Erlebniswelten: Jenseits der Realität – Inmitten der Utopie . . 20

Uwe Drost
Überlegungen zu einer integrativ-dynamischen
Standort-Raumplanung 35

Reinhard Bachleitner
Erlebniswelten: Faszinationskraft, gesellschaftliche
Bedingungen und mögliche Effekte 43

H. Jürgen Kagelmann
Erlebniswelten: Grundlegende Bemerkungen zum
organisierten Vergnügen 58

Ulrike Kammerhofer-Aggermann & Alexander G. Keul
Erlebniswelten – Die Kommerzialisierung der
Alpenträume: Touristensommer und Bauernherbst 95

Alexander G. Keul
Quo vadis, schöne neue Alpenwelt 102

Anhang

Die Autoren und Autorinnen 109

Vorwort

Der Tourismus galt die längste Zeit als Wirtschaftsfaktor, heute gilt er als Strukturproblem. Der Wandel des Finanzkapitals und der Geldströme teilt die Weltregionen neu ein.

In diesem Lichte sind auch die regionalen Hoffnungen der Investition „ErlebnisWelten" zu betrachten. Diese hierzulande noch relativ Form kompakter Erlebnisräume ist in den Geistes-/Kulturwissenschaften und der Architektur bislang wenig und interdisziplinär kaum diskutiert worden, so daß aus gegebenen Anlässen in Österreich den Fragen aus
- Tourismusforschung
- Kultursoziologie
- Umwelt- und Tourismuspsychologie
- Geographie und Regionalplanung sowie
- Architektur und Städtebau

nachgegangen wird, um die volkswirtschaftlichen, sozioökonomischen und gesellschaftskulturellen Parameter grundsätzlich und erstmalig aufzuzeigen.

Allein in Deutschland gibt es ca. sechzig solcher *Erlebniswelten,* sie sind das Freizeitereignis schlechthin[1], weitere 250 sind angeblich in Planung; in Österreich sind derzeit etwa acht Standorte mit Milliardeninvestitionen in Diskussion.

Wie komplex die formbanalen *Erlebniswelten* jedoch sind, stellen die unterschiedlichen Fachdisziplinen heraus – ohne dabei *die* intelligente, nachhaltigste Lösung aufzeigen zu können – jedenfalls dem Interessierten, dem Betroffenen und dem politisch-administrativen System entsprechende Handlungsperspektiven zu eröffnen.

Eines steht außer Zweifel: Neben den Experten des Marketings und des Designs, werden generalistische Betrachtungsweisen der Kultur, des Bauens eine zentrale Vermittlungsrolle und Moderation einnehmen.

Dank gebührt daher den Initiatoren und Kuratoren eines unter dem Thema LANDSTÄDTE – zwischen Freizeitkommerz und Urbanflucht – Touristisches Ereignis/Regionale Katastrophe/Innovativer Wandel" am 24. April 1998 im Schloß Goldegg/Salzburger Land abgehaltenen Symposiums, Thomas Forsthuber und Cyriak Schweighofer seitens der INI-

Vorwort

TIATIVE ARCHITEKTUR Salzburg bzw. dem Kulturverein Schloß Goldegg, sowie der IA für die Publikationsfinanzierung der Referatsthemen.

Das Referat bzw. der Text von Joost Meuwissen (Architekt und Städtebauer, Amsterdam und Graz) konnte redaktionell nicht berücksichtigt werden, so daß an dieser Stelle auf eine Publikation der Österreichischen Gesellschaft für Architektur hingewiesen sei, wo Meuwissen seine Auffassung von neuen und anderen Räumen unter dem Beitrag „Sechs unter einem Tennisplatz" in „Umbau" 15/16 (Dezember 1997) skizziert.

Es sei erwähnt, daß der ursprüngliche Anlaß für das Symposium, Planung und Errichtung eines Themenparks/Freizeitlands „ALPENWELT" Mittersill/Oberpinzgau im Land Salzburg durch die Betreibergesellschaft SIEMENS ÖSTERREICH AG und Unterstützung der Salzburger Landesregierung und Gemeinde Mittersill, derartig bedeutsame Auswirkungen für die Region haben wird, daß es den Organisatoren und Fachkuratoren des Symposiums erforderlich erschien, globale Sichtweisen, Abhängigkeiten und Zusammenhänge für scheinbar nur regionale Interventionen eines generell strukturschwachen Gebietes einer breiteren Öffentlichkeit und dem Fachplaner bewußt zu machen.

Max Rieder	Salzburg
(für die Herausgeber)	im Juni 1998

Peter Weichhart

Regionalentwicklung im Postfordismus – Rahmenbedingungen für das Projekt „Alpenwelt Mittersill"

Das Projekt „Alpenwelt Mittersill" stellt, wie wir alle wissen, keinen Einzelfall dar. In ganz Europa und darüber hinaus werden und wurden unzählige Vorhaben dieser Art verwirklicht. Als Erklärung für diesen Boom der inszenierten „Freizeit- und Erlebniswelten" wird meist lakonisch darauf verwiesen, daß gegenwärtig eben eine hohe Nachfrage nach derartigen Einrichtungen bestehe, und man damit verlockende Wertschöpfungsmöglichkeiten realisieren könne. Die Betreiber solcher Projekte werden auch nicht müde, auf positive regionalökonomische Folgewirkungen und besonders auf die Schaffung von Arbeitsplätzen zu verweisen.

Begründungen dieser Art treffen zwar zweifellos zu, sie greifen jedoch mit Sicherheit zu kurz. Denn sie können weder erklären, wodurch diese Nachfragestrukturen ihrerseits entstanden sind, noch zeigen sie auf, welche Voraussetzungen, Entwicklungslinien und funktionalen Zusammenhänge hinter diesem Trend stehen. Im Folgenden sollen daher thesenartig einige grundsätzliche Überlegungen über den weiteren sozioökonomischen Kontext angestellt werden, der als Rahmenbedingung und tieferer Ursachenhintergrund für derartige Projekte anzusehen ist (vgl. dazu z. B. Weichhart, 1997a). Vor allem aber soll der Versuch unternommen werden, diese neuen Problemlagen mit aktuellen Konzepten und Aufgabenstellungen der Raumplanung in Beziehung zu setzen (vgl. dazu auch Weichhart, 1997 b).

Die zentrale These lautet: *Wir sind in den letzten zwei Jahrzehnten von einer fundamentalen Veränderung des gesamten sozioökonomischen Systems gleichsam überrollt worden.* Diese Veränderungen sind überaus tiefgreifend, die verursachenden Prozesse laufen immer rascher ab, und ihre Auswirkungen können in Summe durchaus als revolutionärer Umbruch charakterisiert werden. Es war allerdings eine „heimliche" Revolution, ein Veränderungsprozeß, der gleichsam unter der Oberfläche verlaufen ist, der nicht angesagt war, sondern im Gefolge der postmodernen „neuen Unübersichtlichkeit" unserer Aufmerksamkeit weitgehend entgangen ist. Wenn wir hier nur einige der wichtigsten Gesichtspunkte dieser Veränderungen herausgreifen, dann zeigt sich, daß sie zum Teil als Widersprüchlichkeiten, ja als Paradoxien ausgebildet sind.

Besonders auffällig erscheint der evidente *Bedeutungsverlust von Raum und Zeit*. Wir kennen die These vom „Ende der Geschichte", immer wieder werden wir auch mit dem Faktum konfrontiert, daß im Zuge der Globalisierung und der weltweiten informationellen Vernetzungen Distanzen und Standortrelationen ihren Einfluß auf soziökonomische Systeme zunehmend verlieren. Gleichzeitig aber müssen wir feststellen, daß sich genau im Gegensatz zu dieser Egalisierung von Geographie und Geschichte *Räumlichkeit* und *Zeitlichkeit* immer markanter zu konstituierenden Prinzipien gesellschaftlicher und wirtschaftlicher Systeme entwickelt haben. Man denke etwa an die „Just-in-time-Regionen" (beispielsweise im Rahmen der PKW-Produktion), deren Strukturprinzip die präzise getaktete Synchronisation und Synchorisation komplexer regional vernetzter Produktionsstätten darstellt. Obwohl wir die Möglichkeiten einer nahezu schrankenlosen und fast schon neurotischen Mobilität zur Verfügungen haben, wird es hinsichtlich der Lebensqualität und der Chancen von Selbstverwirklichung für den Einzelnen immer wichtiger, *wo* er lebt. Und so scheinen heute paradoxerweise der Ausspruch von *Ende* der Geschichte und das ihm widersprechende Diktum „*Wer zu spät kommt, den bestraft die Geschichte*" gleichzeitig und gleichermaßen wahr zu sein.

Ein weiteres markantes Charakteristikum dieser „heimlichen" Revolution ist die zunehmende Demissionierung der Nationalstaaten. Es begann mit Bretton Woods und niemand weiß, wo es enden wird: Die Nationalstaaten geben immer mehr an Entscheidungskompetenzen und Handlungspotentialen aus der Hand. Einerseits geben sie Kompetenzen an überstaatliche Institutionen ab, andererseits delegieren sie – oft unter Berufung auf das Subsidiaritätsprinzip – Verantwortung nach unten, auf die Ebene der Länder, der Gemeinden und Regionen. Überdies werden zahlreiche Aufgabenbereiche im Zuge der Deregulierung aus der Kompetenz staatlicher Verwaltungsstellen entlassen, ausgelagert und privatwirtschaftlich organisierten Akteuren überlassen. Vor allem die sozialstaatlichen Agenden werden immer mehr ausgedünnt, der Rückzug des Staates betrifft zunehmend auch Regulierungsfunktionen für die Wirtschaft. Gleichzeitig greift der Staat über Sparpakete und eine Verschärfung von steuerlichen Abschöpfungsprozessen sehr markant in ökonomische Prozesse ein.

Die sogenannte „Realwirtschaft", also die materielle Produktion von Gütern und Diensten, tritt einerseits gegenüber finanzwirtschaftlichen Verwertungszusammenhängen und andererseits gegenüber der Produktion virtueller Güter in den Hintergrund. Die ökonomische Verwertung einer Realisierung von Phantasie ist zur globalen Wachstumsbranche geworden. Es hat sich eine *Infotainment-Kultur* auf *gleichsam industrieller Produktionsbasis* entwickelt, in der gewaltige Umsätze und Gewinne gemacht werden.

Als besonders wichtig für Raumordnungsfragen erweist sich eine Auswirkung der Revolution, die man neuerdings mit dem Wort „Glocalisierung" *(glocalization)* umschreibt. Das Wort verweist auf das gleichzeitige Geschehen von Globalisierung *und* Lokalisierung. Einerseits werden wir immer stärker in globale Netzwerke eingebunden; es wird in Tokio, Zürich, Frankfurt oder Erlangen entschieden, was in Singapur, Kiel oder Mittersill passiert. Andererseits fußt die Globalisierung darauf, daß auf lokaler und regionaler Ebene bestimmte Produktionszusammenhänge ablaufen, Standortpotentiale und Humanressourcen optimal in Wert gesetzt werden. Der Bedeutungsgewinn der Regionen steht also nicht im Gegensatz zur Globalisierung, sondern ist eine ihrer entscheidenden Voraussetzungen.

Auch soziale Gegebenheiten haben sich fundamental verändert. Dieser Aspekt der Revolution war so gravierend, daß viele der traditionellen Beschreibungskategorien der Soziologen heute weitgehend unbrauchbar geworden sind. Klassen, soziale Schichten oder Statushierarchien haben heute in der klassischen Ausprägungsform als Elemente sozialer Systeme wesentlich an Relevanz verloren. Wir benötigen völlig neue Begrifflichkeiten zur Abbildung der sozialen Realität wie „soziale Lagen", „Lebensstile" oder „soziale Milieus", in denen veränderte Dimensionen der Gesellschaft und ihrer Entwicklung in den Vordergrund treten. Als besonders markante Phänomene unserer Gesellschaft sind Wertepluralismus, Entsolidarisierung und die Individualisierung von Lebenskrisen anzuführen. Die heimliche Revolution hat in sozialer Hinsicht zu einer immer stärkeren Polarisierung der Gesellschaft geführt. Es gibt eindeutige Gewinner dieses Umbruchs: Branchen wie Unterhaltungs- und Informationsindustrie, design-orientierte Produktbereiche, die sogenannten Wirtschaftsdienste, Telekommunikation oder privatwirtschaftliche Bildungseinrichtungen. Zu den Gewinnern zählen auch bestimmte Berufszweige, wobei vor allem hoch- und höchstqualifizierte Personen betroffen sind. Sie können Kaufkraftsteigerungen, einen Zuwachs an Entscheidungskompetenz und Verantwortung sowie eine Verringerung des Arbeitsplatzrisikos verbuchen. Bedauerlicherweise ist der Anteil der Modernisierungsverlierer aber wesentlich höher. Zu den Verlierern zählen vor allem die geringer qualifizierten und weniger flexiblen Arbeitskräfte, die Grundstoffindustrie, Betriebe mit hoher Fertigungstiefe und vertikaler Organisationsstruktur, der traditionelle Einzelhandel und natürlich auch die traditionelle Landwirtschaft. Diese Entwicklung führt letztlich zu einer zunehmenden Polarisierung der Gesellschaft. Wir sind – so wird in vielen Analysen befürchtet – auf dem Weg zu einer 20:80-Gesellschaft: den 20% der Berufstätigen, die hoch qualifiziert und flexibel sind und die mit Verantwortungs- und Kaufkraftzuwachs rechnen können, stehen 80% der Bevölkerung gegenüber, deren Arbeitsplatzrisiko immer größer wird und deren Kaufkraft ständig und zum Teil gravierend sinkt. Eine ähnliche Polarisierung findet aber auch auf der räumlichen Ebene statt: Die Gegensätze zwischen Zentren und Peripherie werden nicht ausgeglichen, sondern zunehmend vergrößert.

Einige der wichtigeren Auswirkungen dieser Revolution auf unsere Wirtschaftssysteme lassen sich wie folgt zusammenfassen:

Der gesamte Entwicklungsprozeß hat zu einer *Verschärfung aller Wettbewerbsbedingungen* geführt. Die „Regulationsweise" des Fordismus, also das klassische sozialpartnerschaftliche „Aushandeln", funktioniert nicht mehr so wie früher. Dadurch wurde die einst bestehende Koppelung von Produktivitätsgewinnen bei den Betrieben und Kaufkraftsteigerung bei den Arbeitnehmern aufgehoben. Produktivitätsgewinne müssen heute für die Finanzierung des Wettbewerbs eingesetzt werden. Gleichzeitig müssen wir eine Entkoppelung von Arbeitslosenrate und Konjunkturentwicklung feststellen. Denn die gnadenlosen Rationalisierungs- und Modernisierungszwänge setzen natürlich beim teuersten Produktionsfaktor, der Arbeitskraft, ein. Der Monetarismus wird zur dominanten Leitvorstellung des Weltwirtschaftssystems. Mit der Liberalisierung und der Flexibilisierung der Wirtschaft geht auch der Abbau des Sozialstaates Hand in Hand. Die Abgleichung von Kaufkraftdisparitäten durch staatliche Transferleistungen wird immer schwächer. Die beinharten Bedingungen des neuen Wirtschaftssystems bewirken auch eine Erweiterung des Marktprozesses um den berühmten „*Wettbewerb der Regionen*".

Durch all diese Entwicklungstendenzen wurden auch die Karten für die Raumplanung völlig neu gemischt. Das Tragische daran ist, daß dieses Faktum von vielen politischen Entscheidungsträgern auf allen Hierarchiestufen der Verantwortlichkeit offensichtlich noch nicht erkannt wurde. Zusätzlich müssen wir festhalten, daß auch die gesetzlichen Grundlagen, die Verfahren und die Instrumente der Planung, die wir heute zur Verfügung haben, der neuen Situation nicht ausreichend angepaßt sind. Erste Hinweise auf die neuen Handlungsbedarfe der Raumplanung ergeben sich, wenn man analysiert, worin das Geheimnis *erfolgreicher Regionen* besteht. Man kann nämlich beobachten, daß ein nachhaltiges wirtschaftliches Wachstum nicht mehr für ganze Staaten gilt, sondern in viel stärkerem Maße als früher auf kleinere Regionen beschränkt ist. Wie konnte so etwas wie das „Dritte Italien", eine auf der Textilindustrie basierende Wachstumsregion, Baden-Württemberg oder gar Silicon Valley, der Schwerpunkt der Computer- und Software-Industrie der Welt, eigentlich passieren?

Auf eine etwas abstrakte Kurzformel gebracht, besteht dieses Erfolgsgeheimnis schlicht und einfach darin, daß innerhalb solcher Regionen soziale und ökonomische Strukturen aufgebaut werden konnten, die einen Beitrag zur *Effizienzsteigerung* der Wirtschaft leisten, indem sie sowohl eine Kostensenkung der Produktionsprozesse als auch eine Steigerung der Produktnutzen bewirken. Ein hervorstechendes Merkmal erfolgreicher Regionen ist die sogenannte „Clusterbildung". Cluster heißt übersetzt einfach soviel wie Bündel, Haufen oder Ballung. Im regionalökonomischen Zusammenhang ist damit gemeint, daß regionale Ballungen von Betrieben bestimmter zusammenhängender Branchengruppen vorkommen, die miteinander durch Zulieferbeziehungen oder Versorgungs- und Entsorgungsbeziehungen eng verflochten sind. Besonders bekannt sind solche Cluster bei der Autoindustrie, sie kommen aber praktisch in allen Branchen (natürlich auch im Dienstleistungssektor) vor. Wir sehen hier übrigens sofort wieder den Zusammenhang mit dem besprochenen Umbruch der Wirtschaftssysteme: Solche arbeitsteiligen regionalen Verflechtungen des Produktionsprozesses bieten höchste Rationalisierungspotentiale durch die Spezialisierung einzelner Betriebe auf bestimmte Elemente der Produktion.

Ein besonders charakteristisches Merkmal ist das Vorhandensein sog. „kreativer Netzwerke". Darunter versteht man eine regionale Vernetzung von Akteuren und Institutionen, die an der Lösung ähnlicher Probleme arbeiten, miteinander zum Teil über nur informelle Beziehungen in Kontakt stehen und Erfahrungsaustausch betreiben. Dabei spielen oft Bildungseinrichtungen, Forschungslabors, regionale „Denkwerkstätten", aber auch Vereine und kulturelle Institutionen eine wichtige Rolle. Das bedeutsamste Moment scheint dabei der *private Sozialkontakt* zwischen den beteiligten Menschen zu sein. Hier spielt offensichtlich die räumliche Nähe der Akteure, der *regionale soziale Interaktionszusammenhang*, eine bedeutsame Rolle.

Mit den Clustern und den kreativen Netzwerken hängen auch drei weitere Aspekte eng zusammen. Bei erfolgreichen Regionen können wir immer wieder feststellen, daß erstaunlicherweise zwischen Betrieben, Institutionen und Gebietskörperschaften, die eigentlich miteinander in scharfer Konkurrenz stehen, ein hohes Maß an Kooperation existiert. Dieses Phänomen wird in der Fachliteratur mit dem Wort „Koopkurrenz" bezeichnet. Es bedeutet „Kooperation/Zusammenarbeit trotz Konkurrenz". In erfolgreichen Regionen sind in der Regel auch Kooperationen zwischen Gebietskörperschaften festzustellen. Hohe Potentiale einer Effizienzsteigerung und Kostenersparnis ergeben sich durch die Zusammenarbeit zwischen öffentlicher Hand und der Privatwirtschaft. Ein weiteres Markenzeichen erfolgreicher Regionen wird als „institutional thickness" bezeichnet. Damit ist die rasche und unbürokratische Durchlässigkeit zwischen Institutionen gemeint. Es handelt sich also gleichsam um eine Art des „kreativen Netzwerks" im Bereich der Verwaltung, des Bildungssystems und der Politik. Bei Erfolgsregionen können wir meist auch ein Phänomen feststellen, das als „regionale Identität" bezeichnet wird. Das bedeutet einerseits, daß die Region von außen als eigenständige regionale Einheit wahrgenommen wird und so etwas wie ein spezifisches Regions-Image besitzt. Unabdingbar verknüpft ist damit aber andererseits auch, daß Bewohner, regionale Institutionen und Betriebe der Region sich mit der eigenen Region identifizieren, eine Art Zugehörigkeitsgefühl entwickeln. Und schließlich müssen wir noch zwei weitere Strukturmerkmale von Erfolgsregionen nennen: die techni-

Regionalentwicklung im Postfordismus

sche Infrastruktur und die „weichen" Standortfaktoren. Dazu zählen neben Bildungs- und Qualifizierungsmöglichkeiten, Forschungsinstitutionen, höherrangigen kulturellen Einrichtungen, einer intakten und ästhetisch wie ökologisch ansprechenden und vielfältigen natürlichen Umwelt nicht zuletzt auch Sport- und Freizeitinfrastruktur.

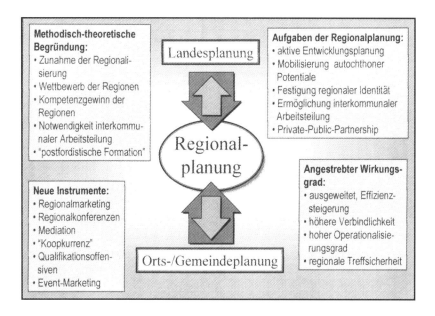

Abbildung 1: Kennzeichen und Aufgaben der „neuen Regionalplanung"
Quelle: P. Weichhart, 1997b, verändert

Aus derartigen Erkenntnissen wird deutlich, daß im Bereich der Raumplanung unter den heutigen Bedingungen vor allem die Ebene der Regionalplanung an Bedeutung gewinnt. Hier ist der Ansatzpunkt dafür zu suchen, die Bedingungen für eine erfolgreiche und nachhaltige sozioökonomische Raumentwicklung zu verwirklichen. Die aktuellen Erfordernisse des Planungsprozesses gehen dabei weit über die klassischen Aufgabenbereiche der Raumplanung hinaus. Vor allem zeigt sich, daß die traditionellen Grenzen zwischen Raumplanung und Wirtschaftsplanung oder Wirtschaftsförderung immer mehr verschwinden müssen.

Wenn wir nun vor dem Hintergrund der angedeuteten Entwicklungstendenzen des „postfordistischen" Wirtschafts- und Gesellschaftssystems das Projekt „Alpenwelt Mittersill" und seine Entstehungsbedingungen beurteilen wollen, dann lassen sich vor allem folgende Zusammenhänge erkennen:

- Aufgrund der mangelnden Kostenwahrheit im Verkehr, der daraus resultierenden, beinahe schrankenlosen Mobilität, die gleichsam als Teilaspekt der Freizeitgestaltung angesehen wird, ist es heutzutage möglich, auch Funktionen, die eigentlich besonders große Besucherfrequenzen und damit auch große Einzugsgebiete benötigen, an eher peripheren Standorten zu errichten.
- Die Regionalisierung wirtschaftspolitischer Förderungsmaßnahmen und die damit gegebene Verkoppelung von Wirtschafts- und Regionalpolitik ist eine entscheidende Voraussetzung dafür, daß die Betreiber von Projekten wie der „Alpenwelt Mittersill" selbstbewußt erhebliche finanzielle Unterstützungen schon für die Projektplanung von der öffentlichen Hand einfordern und auch erhalten können.
- Das Projekt zählt als Element der Infotainment-Kultur zu den potentiellen Modernisierungsgewinnern. Die Projektbetreiber können daher davon ausgehen, Investitionen im Bereich einer Wachstumsbranche mit entsprechenden Renditechancen zu tätigen.
- Die ökonomischen Probleme und die relativ periphere Lage des Raumes Mittersill sind für die kommunal- und regionalpolitischen Entscheidungsträger ein – prinzipiell sicher zurecht – gewichtiges Argument, hier regionale Entwicklungsimpulse zu setzen. Das Projekt „Alpenwelt Mittersill" scheint sich hier geradezu aufzudrängen.
- Die Attraktivität eines großen und professionell geführten Erlebnisparks könnte der Region Wettbewerbsvorteile im Tourismus verschaffen.
- Die politischen Entscheidungsträger sind möglicherweise auch durch die prinzipiell gerechtfertigte Vermutung beeinflußt, daß das Projekt als regionaler Kristallisationskern für Clusterbildung und die Entwicklung kreativer Netzwerke im Bereich des Erlebnistourismus wirksam werden könnte.

In der Literatur zur Raumplanung wird das sogenannte „Eventmarketing" als eines der neuen Instrumente der regionalen Entwicklungsplanung ausdrücklich gewürdigt. Man geht davon aus, daß periodische Festivals, singuläre Großveranstaltungen, Mega-Events oder permanente Megastrukturen im Freizeit- und Erlebnisbereich unter bestimmten Umständen als Medium der Regionalentwicklung eingesetzt werden können. Disneyworlds, Legolands und Stronachsche Kugeln werden als Rezepturen für eine Verbesserung der Wirtschaftskraft und der Lebensqualität von Regionen angepriesen. Demnach müssen Projekte wie die „Alpenwelt Mittersill" grundsätzlich als mögliche positive Elemente eines entwicklungsorientierten Regionalmanagements angesehen werden. Kulturkritiker mögen die „Event-Kultur" resignierend mit dem Untergang des Abendlandes in Zusammenhang bringen und sie als weiteren Schritt zur Verdisneyländerung der Welt beklagen. Außer Zweifel steht jedoch, daß durch Events und Megastrukturen von Freizeitparks durchaus nennenswerte Geldmengen in Bewegung gesetzt werden, die auch regionalökonomisch wirksam sein können.

Fest steht jedenfalls (dies wurde in den anderen Referaten dieses Symposiums auch in aller Deutlichkeit herausgearbeitet), daß für derartige Megastrukturen der Freizeitindustrie eine sehr erhebliche Nachfrage besteht, welche entsprechende Umsätze sicherstellt. Der Freizeitforscher Horst Opaschowski (1992) stellte auf der Grundlage von Befragungen fest, daß jeder dritte deutsche Bürger sich gestreßt fühlt, wenn er „in völliger Stille mit sich allein sein muß". Der rastlose Freizeitmensch nimmt derartige Angebote einer urban-massenorientierten Freizeitgestaltung mit „Instant-Charakter" gerne an: Disneyland Paris etwa hatte im Jahre 1995 nicht weniger als 11,3 Mio. Besuche bei 7,1 Mio. Besuchern – das waren etwa doppelt soviele Besuche, wie der Eiffelturm und fast viermal soviele, wie der Louvre im gleichen Jahr verbuchen konnten (vgl. Richter, 1998, S. 10).

Was bisher aber wesentlich weniger gut als der mögliche unternehmerische Erfolg von Erlebnis- und Freizeitparks abgeklärt werden konnte, sind die realen Gesamtwirkungen auf die Standortregion. Es ist sehr schwierig, die möglichen regionsbezogenen Nutz- und Schadenseffekte derartiger Megastrukturen seriös abzuschätzen. Die Schwierigkeit besteht einerseits darin, tatsächlich alle relevanten Kostendimensionen zu identifizieren, andererseits in einer seriösen und empirisch abgesicherten Schätzung der Kosten- oder Nutzenhöhe. Von besonderer Bedeutung ist dabei, daß vor allem einige der möglichen negativen Auswirkungen sehr schwer quantifizierbar sind und daher meist als Externalitäten behandelt werden (ökologische Schäden, Stau, Verkehrsbelastung, Unfälle, ästhetische Defizite, negative Beeinträchtigungen gewachsener sozialer Strukturen etc.). Sie erscheinen daher in Wirtschaftlichkeitsanalysen gar nicht, und werden gleichsam stillschweigend (und weitgehend nicht bewußt) von der Allgemeinheit getragen.

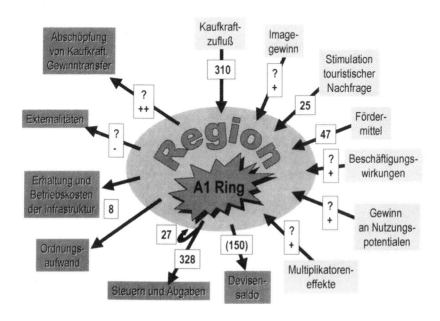

Abbildung 2: Regionalwirtschaftliche Auswirkungen des A1 Rings (1997)
Quelle: OGM, Wirtschaftlichkeitsanalyse: Zahlen für 1997 in Mill. ÖS

Als konkretes und aktuelles Beispiel für den Versuch einer derartigen Schätzung sei auf die Ergebnisse einer Wirtschaftlichkeitsanalyse für den A1 Ring verwiesen (vgl. OGM, 1998; Weichhart, 1998). Es verdeutlicht, daß in diesem Falle zwar erhebliche Geldflüsse entstehen, als „Gewinner" aber primär der Veranstalter sowie der Finanzminister und weniger die Region anzusehen sind.

Im konkreten Fall der „Alpenwelt Mittersill" besteht das eigentliche Problem also darin, nun möglichst emotions- und ideologiefrei eine korrekte Prüfung der Sachlage vorzunehmen. Sind all jene Voraussetzungen, Vorbedingungen und Vorannahmen, die für eine sinnvolle Projektverwirklichung erforderlich wären, auch tatsächlich gegeben? Ist das Projekt von den Angebotsstrukturen her umfassend und differenziert genug, um tatsächlich jene hohe Attraktivität zu gewährleisten, die für eine Ausschöpfung des theoretisch angenommenen Einzugsbereiches erforderlich ist? Sind die externen Kosten und möglichen Schadwirkungen grundsätzlich und im Vergleich zu den möglichen regionalen Nutzeffekten vertretbar und verantwortbar? Ließen sich vergleichbare regionalökonomische Nutzeffekte bei gleichen oder gar geringeren Kosten nicht auch durch andere Projekte erzielen, oder gibt es solche Alternativen für die betroffene Region nicht?

Wie immer man zum Projekt der „Alpenwelt Mittersill" stehen mag: Bei jeder Diskussion sollte besonders auf eine plausible und verläßliche Schätzung der *nicht monetarisierbaren,* nicht unmittelbar in Schilling ausdrückbaren Kosten und Nutzen als wesentliche Entscheidungsgrundlage Wert gelegt werden. Die Betreiber und Promotoren des Projekts wären jedenfalls gut beraten, in eine umfassende öffentliche Diskussion zum Thema einzutreten und dafür zu sorgen, daß alle offenen Fragen umfassend und transparent behandelt werden. Eine Verweigerung dieses Diskurses ist für das Projekt sicher kontraproduktiv.

Literatur

Domhardt, H.-J. et al. (1995). Zukunftsaufgabe Regionalplanung. Anforderungen – Analysen – Empfehlungen. Hannover (= Forschungs- und Sitzungsberichte der Akademie für Raumforschung und Landesplanung, Hannover, Bd. 200).
OGM, Österreichische Gesellschaft für Marketing (1998). Wirtschaftlichkeitsanalyse A1 Ring. Hauptergebnisse. Wien.
Opaschowski, H. W. (1992), Freizeit 2001. Ein Blick in die Zukunft unserer Freizeitwelt. Eine Projektstudie der Freizeitforschung. Hamburg: B.A.T. Freizeit-Forschungsinstitut.
Richter, B. (1998). Erlebnis-, Freizeit- und Themenparks – eine Recherche. Is small beautiful or is mega ur-cool? Raumordnung aktuell, 1/98, 8-12.
Weichhart, P. (1997a) Aktuelle Strömungen der Wirtschaftsgeographie im Rahmen der Humangeographie. Anmerkungen zur Reintegration einer etablierten Teildisziplin in das Gesamtfach. In: E. Aufhauser & H. Wohlschlägel (Hg.), Aktuelle Strömungen der Wirtschaftsgeographie im Rahmen der Humangeographie. Wien (Beiträge zur Bevölkerungs- und Sozialgeographie, Bd. 6), S. 75-87.
Weichhart, P. (1997b) Sozioökonomische Rahmenbedingungen der „Neuen Regionalplanung". SIR-Mitteilungen und Berichte, 25, 9-21.
Weichhart, P. (1998). Ein neues Medium der Regionalentwicklung? Raum 29/98, 26-29.

Max Rieder

Erlebniswelten:
Jenseits der Realität – Inmitten der Utopie.

Skizze zur Phänomenologie und Entwicklungsgeschichte
architektonischer Räume/Städte/Länder im Erlebnistourismus

Einführung und Überblick

Eine statistisch relevante Minderheit des Massentourismus[2] liebt es, in *reale Virtualitäten*[3] entspannend abzutauchen. Vor allem den heutigen Jugendlichen scheint Ereignisloses ein wahrer Graus zu sein. Die Hölle der Langeweile, des Selbstentantworteten, der Delegierung zur Animation, um dadurch, professionell vermittelt, die eigenen Emotionen zu erkennen, das Erleben ist somit schlechthin außerhalb von uns selbst angelangt. Es handelt sich um entäußerlichte Körper des menschlichen Leibes[4], quasi entgrenzte Räume.

Damit ist endlich der „humanistische" Weg zur Freizeit*Arbeit* geebnet, wie sie administrierbar, statistisch erfaßbar, kommerziell gleichgeschaltet *und* vermarktbar würde, daß das, was wir unter Phantasie und Kreativität zu verstehen hätten, anwendbar wird. Diese hier als *entgrenzte Räume* bezeichneten Phänomene, auf die ich detaillierter eingehen will, sind nur mehr unter Bezug auf neue Planungsstrategien, auf prozessuale Konzepte aus generalistischer Sicht zu erörtern.

Das ist und wird Kulturarbeit, Gesellschaftsarbeit sein.

Die Minderheit der Langweiler drückt uns einen Epochenstempel auf, wie wir im *globalplay* zu funktionieren haben.

Dank der Apathie in Wirtschaft und Politik, die sich zwar nicht mit der Wissenschaft verbünden, aber öffentliche Gelder in sogenannte entgrenzte *Events* einsetzen, in der Hoffnung, Grundlagenforschung, angewandter Forschung und Strukturfragen anhand der Praxis zu begegnen, werden wir in Zukunft einige *stranded investments* zu verzeichnen haben.

Die Praxis ist denkbar einfach: sie lautet Gewinnmaximierung, Facility-Management, ISO-Zertifizierung, usf. zugunsten eines relativ geringen Kapitaleinsatzes im Verhältnis zu öffentlichen Infrastrukturbereitstellungen und Strukturveränderungen. Nach fünf Jahren ist der Spuk vorbei, oder er erzwingt neuerliche, kurzfristige Investitionen. Zurück bleiben traumatische Dimensionen für die Region, Großinvestoren ziehen sich zurück, die Kleininvestoren wie Land und Gemeinden bleiben mit der problematischen Nach- und Umnutzung betraut, zurück.

In diesem Zusammenhang ist es interessant festzuhalten, daß weltweit die gleichen Akteure nach gleichen Mustern und Strukturen projektieren und investieren. Es ist immer das Gleiche: Auf die örtlich und lokal bedingten sozioökonomischen Parameter wird dabei nicht eingegangen (sie werden gerne als Investitionshemmnisse vorgeschoben, die von der Politik aus dem Wege zu räumen sind) und die lokal oder regional ansässigen Hochschulen/Universitäten werden in lokal-regionale Probleme und Fragen auch nicht eingebunden.

Es besteht bereits ein globales Netz, das die Spielregeln diktiert, bevor die lokale Vernetzung erfolgt. Letztlich bedeutet dies einen massiven Einbruch in stadtplanerisches oder ortsplanerisches Denken – eine verspätete Erkenntnis, daß mit Investoren und Developern keine regionale Strukturpolitik zu begründen ist. Dieser Wunsch, dieser budgetäre und verantwortungslose Trick der Stadt- und Landesverwaltungen, das *private partnership* für konzeptuelle Defizite des ländlichen und urbanen Raumes heranzuziehen, die Agonie der herkömmlichen Planungsinstrumente endlich zu akzeptieren, ist in den letzten zehn Jahren nicht in Erfüllung gegangen

Diejenigen Großstrukturen, die neu geschaffen wurden, entsprechen exakt den entgrenzten, entrückten Räumen, die wie kompakte Pakete (temporär) implantiert wurden: Global rezipierbar – austauschbar – exterritorial.

Die generalistische Sicht – also beispielsweise die eines Architekten[5] – zeigt ganz deutlich, daß alle diese „MegaMegas" zu 99,9% von Nobodys der wissenschaftlichen Fachwelt, also den Praktikern der Welt umgesetzt wurden[6]. Architekten und Universitäten sind nahezu von jeder volkswirtschaftlichen und strukturrelevanten Entscheidung hierzulande ausgeschlossen.

Die Architekten sind Träumer, Illusionisten, Utopisten – sie sind lästige Querulanten, die noch an die Fiktion glauben, sie dienten dem menschlichen Habitus und seinen vielfältigen Formen und Ausdrücken und nicht primär den Kosten/-Nutzenrechnungen, sie sind ihrer Zeit immer und gerne voraus.

Kulturgeschichte/Architekturgeschichte

Die geschriebenen, gezeichneten Utopien der Architektenschaft setzen sich seit der Antike kontinuierlich mit Stadtmodellen bzw. Gesellschaftsmodellen (unentgeltlich) auseinander. Dieses Spiegelbild der Gesellschaften zeigte bis zu den 60er, 70er Jahren im wesentlichen die ewige Dialektik zwischen Stadt und Land auf. Die Utopien dieser Epoche lösten diese Dialektik auf. So sind etwa die Utopien der Archizoom Associati[7] wie „No-stop city" (1970), „New architectonical and urban signs" (1969) oder „Residential parking" (1970) beispielgebend für kritischen Fortschritt, für Ästhetik und Styling der Umwelt.

Utopien sind als ganzheitliche, gesellschaftsdurchwirkte Räume und Erlebnisse fehlgeschlagen. Vieles hat sich jedoch in der poststrukturalen Gesellschaft unserer pluralen Welt zu einer divergenten Gleichzeitigkeit entwickelt, so daß *alle* Utopien partiell, fraktal eingesetzt bzw. realisiert wurden[8].

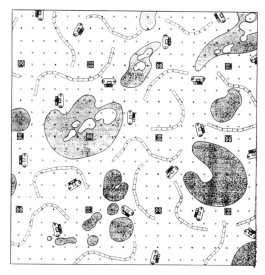

Erlebniswelten: Jenseits der Realität – Inmitten der Utopie

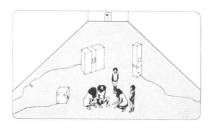
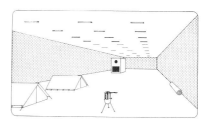

Struktursuche/Sprachwandel

In diesem pluralen Einerlei von strukturellem, typologischem und formalem Mischmasch schlug die Avantgarde der Kunst und Architektur neue Strategien zur Spezifikation und Identitätsfindung vor, die sich dadurch äußerten, daß eine Raumerforschung des Dazwischen und der Leere entstand. Die verbliebenen Flächen, die unbenützbaren, scheinbar funktionslosen sozialen Pufferräume, die Brachflächen wurden zum Fokus neuer gesellschaftlicher Überlegungen, während „draußen" die verbrämte Variante einer Postmoderne – *„anything goes"*, anstatt subtile Semantik[9] als Kulturgut einzusetzen – landauf, landab alles besetzte.

Endlich konnte man den Kanon der Formen, der Typologien aus allem jemals Gesehenen in den bedeutungs(losen) Raum einbringen. Zwei Haltungen mit extrem räumlich und sozial unterschiedlichen Hintergründen paralysierten Bauherren, Nutzer und Architektenschaft. Die Postmoderne wurde zum Quotenstar, das Andere, das Neue zum Galerienprogramm. Plötzlich begann man die Raumkategorie zu wechseln, weg vom innerurbanen, kontextuellen Umfeld, und sich dem leeren, weil mit größeren Freiheitsgraden ausgestatteten, Räumen zuzuwenden (siehe oben) und das erprobte Konzept zu extrapolieren. An der Kippe von Umbau der Staatsbetriebe in (halb)privatisierte Aktiengesellschaften begannen nun auch Flughäfen, Bahn, Messen usf. ihre aus allen bauverwaltlichen Belangen autonomen Gebiete in entsprechender Weise neu zu ordnen, zu agglomerieren, zu gigantisieren.

Einhergehend mit dieser Stadterweiterung (die der Gegensatz von innerstädtischer Sanierung und komplexerer Adaptierung[10] war), entstand, der Tendenz zur Bedeutungszunahme immer inflationärer gebrauchter Begriffe folgend, ein neuer Sprachgebrauch von *„Park"*, bzw. Landschaft. „Parks" und „Landschaften" erfuhren eine gesellschaftsrelevante Umdeutung zu Emotionsträgern von trivialen Räumen und herauskamen: „Businesspark", „SciencePark", „Wellness- & Funpark", „Medienpark", „Stadtlandschaft", „ShoppingCityLand", „politische Landschaft" und dergleichen mehr – Dinge, die in keinster Weise die Komplexität der Urbegriffe annähernd assozieren lassen. Dennoch hat dieser Sprachgebrauch ein bedeutungsreiches Image etabliert, das wesentlich zur Vermarktung des Trivialen als etwas Besonderem beiträgt.

Österreich Pavillon Expo Sevilla 92 RTW 1988

Das *Dazwischen* wurde also von der Avantgarde als Landschaft[11] entdeckt, dekodiert und von der Konsumwelt trivialisierend angewandt. Die Art der Dekodierung äußerte sich in der Transformation der verschiedensten landschaftlichen Elemente. Dieses Vorgehen der avanciertesten Architekturschulen, das erst in den kommenden Jahren den Höhepunkt erreichen und dann erst eine Breitenwirkung entfalten wird[12], erzeugt selbstreferentielle, selbstorganisierende Strukturen und (neue) Geometrien. Wesentliches Manko ist bzw. wird sein, daß wieder ein *Globalstyle* ohne spezifisch-örtliche Referenz entsteht, der nicht nur wie bisher die Stadt, sondern nun auch noch das wiederentdeckte Land neutralisiert.

Wenige Stadtverwaltungen hatten Anfang der 80er Jahre erkannt, inner- und peripherstädtische Brachen einer Umstrukturierung zu unterziehen, um urbane Qualitäten auf *neue Bedürfnisse* der Menschen hin anzupassen[13]. Einige dieser Strategien waren zeitgenössisch relevant und wurden angenommen, andere waren weniger erfolgreich, wenn es darum ging, zu einer Reurbanisierung beizutragen.

Im Zuge dieser „Grünlösungen mit kleinen Ereignissen"[14] wurde jedoch evident, daß die *Urbs in horto* nicht zu halten war, und die Fernreise- und Eventwelle sich aufschaukelte. Der eigentliche alltägliche Stadt/Lebensraum leistete zu wenig. Auch der konventionelle Urlaub, Ferien in der Natur, auf dem Land, in den Bergen oder am Meer, leisteten dies nicht mehr. Andere Horte, Modellstädte mußten her[15].

Daß das neue Modell „Tourismus-Event" reüssiert, liegt nicht nur daran, daß es in der Öffentlichkeit massiv beworben wurde und wird, sondern an der Unwirtlichkeit der Städte und der Überdrüssigkeit ihrer Bewohner an den verwalteten und vermarkteten städtischen Räumen und Orten, dem Verlust der letzten *Frei*-Räume durch Ersatz von gepflegten, verwalteten *Grün*-Räumen[16], die nicht zuletzt jede selbstorganisierte Individualität und Spontaneität zusammenbrechen läßt. Wir selbst wurden von der Idee der neuen Entspannung und Erholung durch organisierte Ereignisse (Events) überrollt. Inwieweit eine programmatische, aufklärerische Politik fähig gewesen wäre, eine ordnende Rolle zu spielen, kann hier nicht näher erörtert werden.

Tatsache ist, daß im ureigensten, engsten und alltäglichen Lebensraum der meisten Menschen – in der Stadt – die emotionalen Brachflächen und Aktionsräume fehlen, so daß wir regelrecht gezwungen werden – „in die Oasen und nach Arkadien" zu reisen.

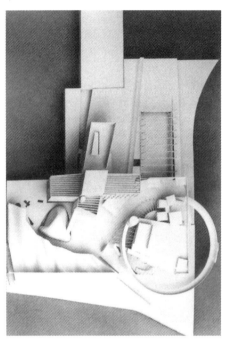

Projekt Kulturzentrum St. Pölten, Österreich. 1992 RTW

Charakteristiken der Form (Dimension, Struktur)

Diese Arkadien und Oasen[16] müssen jedoch als solche in kurzer Zeit, *weil* Urlaubszeit kurz, kostbar und teuer ist, kenntlich gemacht werden. Deshalb weisen sie analoge Charakteristika auf, vor allem eine gewisse typische *Direktheit,* die man auch als „plakative Reizschwelle" bezeichnen könnte. Hier wird das Perzeptionsniveau auf bekannte, über die Medien oder anderweitig übertragene und vervielfältigte Klischees reduziert und durch permanentes *Powerplay* von Zeichen und Oberflächen ständig stimuliert. Dies reicht aus, um durch das Surrogat, die Ersatzwelt[18], die verlassene (eigene alltägliche) Lebenswelt und die von ihr vermittelte Frustation zu kompensieren und emotional aufgebaut zu werden, also „high" zu sein.

Gleichzeitig wird häufig z. B. bei Themenparks eine gewisse Sensibilität hinsichtlich aktueller Themen vorgeschaltet (Tierschutz, Virtualität, Naturwissenschaft, Gesundheit, Historie usw.), um eine kulturelle Rechtfertigung für ihren Besuch zu erhalten.

Neben der erwähnten Direktheit sind weitere Kennzeichen solcher ErlebnisWelten:
- ihre äußere *Kompaktheit* und
- innere *Scheindifferenziertheit* (Stichwort: belebende Gliederung),
- ihre *masterplanartige Systematik* zur Führung eines leicht bedienbaren und überschaubaren Besucherstroms, sowie
- ihr permanenter *unmotiviert-irrationaler Typologiebruch* innerhalb des Komplexes trotz gleichbleibender Funktion
Dabei wird das eigentliche Material, welches vorgetäuscht eine unter-

geordnete Rolle spielt, als Imitat seiner selbst verwendet. Je absurder, origineller und überraschender Formen und Materialien kombiniert werden, umso höher der direkte, kurze *("flashlike")* Ereigniswert. Jede Art von Authentizität und Logik ist verpönt, könnte an den Alltag erinnern, könnte die Idylle stören. Die Koexistenz wird gewünscht[17].

Man würde meinen, die Touristen seien mittlerweile durch den postmodernen Stadtumbau, die historisierenden Stadtverschönerungen formenimmun geworden. Dies ist mitnichten so, vielmehr ortet man eine Flut von Zeichen und neuen Metazeichen und -formen, die größer, lauter, teurer, ultimativer die Umgebung designen. Die Metazeichen/-formen persiflieren einen baulichen *Urzustand*, z.B. in den Alpen das satteldachgedeckte Bauernhaus[19], in Griechenland das terrassengestufte, weißgetünchte Ziegelhaus mit türkisen Läden. Dieser Urzustand versinnbildlicht dem Touristen, daß er – wie der erste Entdecker dieser Region, quasi in dessen Fußstapfen und also der agrikulturellen Zeit angehörend –, ein unschuldiges, unberührtes Land *(Arkadien)* betritt, und sich grenzenlos frei fühlen (Postkolonialismus) kann. Der Verlust der eigenen Körperbefindlichkeit wird durch den (penetrierenden, erobernden) Eintritt ins (risikolose) Fremde, in den fremden Raum kompensiert. Dies ist auch der Grund, warum architektonischer Ausdruck in Erlebnis- und touristischen Welten entweder überbordend plural oder historisierend regional ist.

Einerseits weil es in der Stadt einen Mangel an Ereignissen gibt, die innerstädtisch flanierend zu erreichen wären – einschließlich der Wanderung durch Wiese, Heide, Wald und Park –, andererseits, weil man an die Existenz von Menschenmassen gewöhnt ist („soziale urbane Dichte") macht es notwendig, daß man sich erst dort im Urlaub wohl fühlt, wo man sich nicht allein, sondern in entsprechender urbaner Dichte, „geballt", sich wiederfindet.

Der Garant für ein Ereignis ist der bloße Ortswechsel[19a]. Es handelt sich um organisierte Mobilität im Gegensatz zu selbstorganisierter Immobilität (Bewegungsradius am Reiseziel). Dabei kann es sich ereignen, daß einige der Touristen sich erst dank ihrer fotografischen, videotechnischen Aufnahmen erinnern können, *was* sie überhaupt erlebt haben, da das Ereignis keine Differenz zum alltäglichen Trott, der Sichtweise und dem visuellen Augenschein ausbildete[20].

Die Idee der Binnenwelt (weit weg von Zuhause) wird bei All-Inclusive-Clubs und Ferien-Freizeitwelten besonders herausgearbeitet, weil dadurch eine Exklusiviät vermittelt werden kann, die sich der Assoziation an barocke Gestaltungen bedient – z. B. in Form von umfriedeten Palastanlagen. Diese abgeschlossenen Freizeiteinheiten bedienten sich lediglich lokaler Infrastrukur zur Ver-/Entsorgung, sind aber ansonsten hochsicherheitstraktartig von ihrer Umgebung abgetrennt und stellen Reservate, Hoheitsgebiete dar. Dadurch wird der Reiz des *Außergewöhnlichen* erhöht, das „Ereignis" konstituiert.

Das Besondere oder besser das Übliche dieser Konzepte ist, daß Nebenprodukte zentralen kommerziellen Umsatz und Gewinn erwirtschaften und das angekündigte Ereignis ein durchschaubarer Shopping-Gag ist, z. B. Food- & Souvenir Corner in Themenparks, Dutyfree-Zonen in Flughäfen, CineCenters in Bahnhöfen etc.[21].

Die Ersatzstädte[18] kennzeichnen sich auch durch zusätzliche spezifische Barrieren wie Eintrittskarten, Parkschein, Arrangements dergleichen aus, und garantieren dadurch ein zum Alltag alternatives Milieu.

Der *Distriktcharakter*[22] wird durch ausgedehnte Flächigkeit unterstrichen, die im Sinne des Erbauers monofunktional[23] ist, irreversibel ohne Nachnutzungsstrategie oder Umnutzungsperspektive[24].

Veränderungen bei den Modesportarten, ihrer Verbreitung und sozialer Etablierung spiegeln sich auch in ihrem steigenden Flächenbedarf wider: Vom „weißen Sport" Tennis zum „weiten Sport" Golf, vom Fußball zum Skilauf, vom Wandern zum Biking, vom Angeln zum Trekking[25]. Ganze Landstriche werden dem Freizeitereignis monofunktional bereitgestellt. Hier findet also eine geläufige Tendenz zur Dichte und Kompaktheit statt, die Benutzerzahl und Frequenz von Outdoor Events ist rapide am Sinken, bei Indoor Events rapide am Steigen. Kommerzielle Gewinnerwartungen bedingen hohe Investitionen, die die Existenz oder das Schaffen zentraler Parameter bedingen: Klima- und Saisonkonstanz; 24-stündige Permanenz der Bespielbarkeit usf. einschließlich der Notwendigkeit, sich dort zu etablieren, wo extremste Konzentrationsunterschiede zwischen outdoor-indoor, bzw. Stadt und Land, gegeben sind (z. B. „SkiDome" in Tokyo).

Ausblick

Früher bauten die Römer ihren Bürgern in den Städten Thermen und Sonstiges, in die auch ihre Gäste kamen, heute bauen 400 Seelen-Gemeinden Thermen für 4000 Gäste und fahren dann in ihrer Freizeit zum

Erlebniswelten: Jenseits der Realität – Inmitten der Utopie

Zwecke eines Ereignisses oder Erlebnisses in fremde Dörfer mit 400 Seelen. Früher kamen die Kirtatage und Dulten[26] als Ereignis zu uns, heute haben wir zu ihren modernen Nachkömmlingen, den Erlebniswelten, hinzufahren.

Alle Tendenzen weisen auf eine Verstädterung des Landes und eine Verländerung der Stadt hin, also auf ein diffundierendes offenes System mit ungewissem Ausgang. Ein schnelles Ende wird uns wohl nur dann erspart werden, wenn Generalisten wieder einen Kommunikationszugang zu Ökonomie (und Politik?) erhalten, Form als ein Kulturgut sondergleichen bewertet wird (Inhalt ist gegen Form chancenlos), Ge-

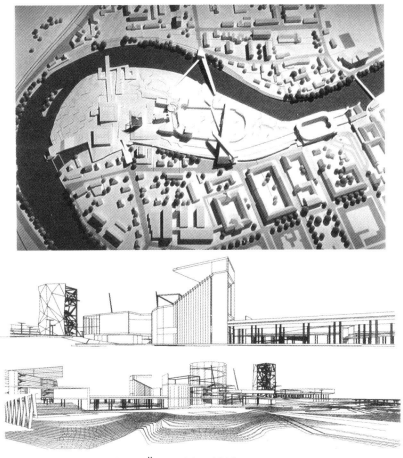

Projekt „Fun Park Leoben", Österreich - 1998

brauchswert mit Mehrwert an sozialen Relevanz angereichert wird, oder alle in *MUD's* als *Atavare*[27] abtauchen und in ihrem *virtual life* so erfüllt sind, daß sie im realen Leben wunsch-, trieb- und vor allem emotionslos bleiben, weil der Konsum für Entspannung und Ereignis sorgt: *„Erlebnisse sind ein Paradebeispiel für Zustände, die wesentlich Nebenprodukt sind"*[28].

Die Chance der ErlebnisWelten zu einem interaktiven oder erweitertem neuen Verständnis des Verhältnisses von Umwelt-Mensch bzw. Mensch-Mensch zu kommen, wird in den herkömmlich zeit- und kostenbudgetierten Welten zwar kaum möglich werden, andererseits bergen sie aber ein gewisses Potential der Erneuerung und Umschreibung für den urbanistischen Prozess einer Kulturgesellschaft.

Aus all dem resultiert, daß unsere herkömmlichen Planungsstrategien obsolet geworden sind, wenn wir regionalistische Leitbilder ohne europäischen Kontext und universitäres Know-how testen und erstellen und weiterhin in Formen und Strukturen des 19. Jahrhunderts mit Nutzungen des 21. Jahrhunderts wegen der Schönheit unserer Städte und Landschaften schlüpfen, ohne je verstanden – *wir* und nicht die Touristen – zu haben, etwas als schön und ästhetisch[29] zu empfinden.

Nachsatz zum ALPENWELT Projekt
in Mittersill/Oberpinzgau – Land Salzburg

Die mangelnde Öffentlichkeitsarbeit der Betreibergruppe läßt eigentlich nur wenig Konkretes bemerken. Weil das Projekt in den Brainstorming-Etagen der Siemens AG offensichtlich nicht ausreichend diskutiert worden ist, und weil dem Elementarischen der Projektbausteine kaum Chancen eingeräumt werden, dürfte es schwierig sein, sich im europäischen Konkurenzfeld zu behaupten. Derzeit ist erkennbar, daß es sich im wesentlichen um einen Viersternehotel- und einen Visitorkomplex am Rande des Nationalparks Hohe Tauern handelt, der, mit konventionellen Aufstiegshilfen ergänzt, ein Sammelsurium von Kühemelken, Streichelzoo, Ökowanderung und Märchen-Hexentraumwelt vernetzen soll. Das potentielle Einzugsgebiet, überlagert mit Spontangästen aus den angrenzenden Wintersportregionen, soll langfristig ausreichende Besucherzahlen garantieren. Welche Art (qualifizierte Stellen oder Jobs) und welche mittelfristig realistische Anzahl Arbeitsplätze angeboten werden, ist ungewiss, wie es überhaupt mehr als ungewiss erscheint, ob die augenscheinliche Strukturschwäche des Oberpinzgaus durch touristische Attraktionen dieser Art bereinigt werden könnte. Inwieweit infrastrukturelle Vorleistungen durch die Bereitstellung öffentlicher Gelder getätigt werden, um eine adäquate Anbindung an Transitwege herzustellen, hängt von sonstigen Synergien und raumplanerischen Leitbildern ab. Derzeit ist absehbar, daß das Projekt, sollte es weiterhin in der Abgeschiedenheit *einer* Gemeinde vermarktet werden, nur wenig Aussicht auf Erfolg haben wird.

Wesentlich erscheint der Kritikpunkt, daß gerade zum innovativen Ansatz die Idee gehören würde, hoheitliche Verwaltungsbezirke (wie Gemeinden, Bezirke und Bundesländer) aufzulösen und das Projekt *gemeinsam* einer fachlich-internationalen Beratung und Moderation zuzuführen. Denn eines läßt sich vorhersagen: Die Auswirkungen betreffen alle in der Region – ob es funktioniert oder nicht.

Aber wie so oft wird zuerst auf Sachprogrammebene gebastelt, konstruiert, destruiert oder in Arbeitsgruppen gebrütet, anstatt den generalistischen Ansatz zu definieren, ein paar grundlegendere Szenarien/Alternativen zu simulieren und einen Planungsprozess des (Mit-)Wachsens zu konzipieren.

Unter dem Motto „die Alpen sind besser als die ALPENWELT" sowie der Erfahrung aus 40 Jahren Alpentourismus, fragt sich der Betrachter allerdings auch, ob nicht eine „MEER-SONNENWELT" in den Alpen im Sinne eines Ereignisses adäquater vermarktbar wäre.

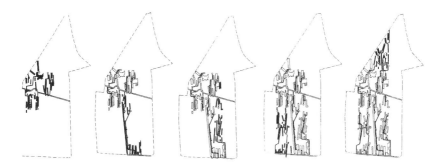

Projekt „Wachsen", An-Stadt Süssenbrunn-Wien

Anmerkungen/Literatur

1 Als Beispiel dazu, einer von vielen Sammelbänden und Ratgebern: S. Haffner „Freizeit-Parks" (Econ 1997)
2 Dies betrifft maximal 15% des Massentourismus als Marktpotential
3 Dazu sei ein Beitrag des Soziologen und Tourismusforschers Christoph Hennig „Inszenierte Freizeitparadiese – Beispiele aus einer neuen Welt" anläßlich einer Tourismustagung der Messe München vermerkt, der eine Vorstellung darüber gibt, was weltweit *in, up to date* ist, hinsichtlich künstlicher und simulierter Realitäten (in „Erlebnis ja und nein? Freizeitwelten pro und kontra!" Dokumentation 1. C-B-R-Tourismus Symposium Messe München 1998, hg. Messe München/CBR)
4 Zur Frage nach neuer Körperbefindlichkeit im Zusammenhang mit architektonischen Räumen sei das Buch „Anybody"(hg.von Cynthia C. Davidson, Anybody Corporation. MIT Press 1997) erwähnt und darin besonders auf einen Artikel von Beatriz Colomina „The medical body in modern architecture" verwiesen. Man könnte auch City- und Land-Marketing wie: die Expo Lissabon 1998, den Milleniumdome in London 2000, die künstliche Stadt Celebration in Florida 1997 als edukative Disneylands bezeichnen
5 Darunter sind zu verstehen: Architekten, nicht zu verwechseln mit amerikanischen/angelsächsischen Designfirmen und hybriden, alleskönnenden Planungsbüros
6 Im Falle eines internationalen Ereignisses durch qualifizierte Architekten tauchen dann eher Hemmnisse auf, so geschehen z. B. Stadt Salzburg mit Kongreßhaus (J. Baldeweg N.), Guggenheim Museum (H. Hollein), Rehrlplatz (D. Perrault), Österreichisches Kulturzentrum New York (R. Abraham), Trigon Museum Graz (Tschapeller-Schöffauer-Schrom), etc.
7 Archizoom Associati (1967, Rom u.a.: Paola Deganello, Andrea Branzi, Massimo Morozzi, Gilberto Corretti) aus Andrea Branzi „Luoghi, the complete works" (Ernst & Sohn, 1992); vermerkt sei dazu die Thesisarbeit von A. Branzi „Permanent Amusement Park in Prato" von 1966 (!) an der Faculty of Architecture in Florenz, als eine der ersten Analysen zum Thema.
8 Selbst die Fortschrittsutopien von Buckminster Fuller wurden trivialisierend realisiert wie z. B. in Form des Club Med in Ballungsräumen.
9 Dazu einer der Klassiker der postmodernen architektonischen Position in Colin Rowe und Fred Koetter „Collage City" (MIT Press 1978)
10 Dabei zeigt sich vor allem in den Weltkulturerbestätten ein Dilemma mehrfacher Problematik, durch z. T. restriktive historisierende Schutzkommissonen werden Alt- und Kernstädte großer touristischer Prominenz als Museum gleichsam erstickt (z. B. Venedig, Salzburg, Nördlingen, Lissabon) und können mit dem Lebenswandel und Bedürfnissen der Bevölkerung nicht mithalten, weshalb sie zu innerstädtischen Brachflächen degenerieren.
11 Bereits in den späten 80er Jahren waren konkrete Projekte am Ideenmarkt, so etwa das Projekt „Österreich-Pavillon Expo Sevilla" von RtW (Max Rieder/Hans Peter Wörndl) 1988/89 (publ. in Werksverzeichnis maxriederarchitektur 3/98)
12 Entfaltung, Emergenz und Bifurkationen sind u. a. Schlüsselbegriffe dieser Strukturforschung
13 Dies geschah z. T. in Paris in den frühen 80er-Jahren z. B. im Parc de la Villette (vgl. Publikationen von OMA, B. Tschumi um 1983, die Plätze Barcelonas, Emscherpark im Ruhrgebiet, Donauinsel in Wien, der Tiergarten Berlin, die Docklands in London, Re-Parks in Detroit.

Erlebniswelten: Jenseits der Realität – Inmitten der Utopie

14 In diesem Zusammenhang soll angemerkt werden, daß es eine wesentliche Belebung und Beiträge durch eine Renaissance der Landschaftsplanung gerade im Zusammenhang des gesellschaftlichen Wandels gegeben hat, einer der Einflußreichsten im französischen, niederländischen Raum war Y. Brunier, der die postmoderne und narrative Haltung in die Park-Landschaften einbrachte; vgl. „Yves Brunier, landscape architect paysagiste" (edit. Michel Jacques, Birkhäuser 1996)

15 z. B. die neue Stadt Celebration (der Walt Disney Corp.) bei Orlando, vgl. auch Anmerkung 8

16 Vgl. dazu die Enstehungsgeschichte des Mythos Park von Marianne Kesting „Arkadien in der Hirnkammer – oder Die Enklave des Parks als Sonderfall artifizieller Landschaft" (in „Landschaft", hg. von Manfred Smuda, Frankfurt/M.: Suhrkamp 1986).

17 Darin wird Pampasgras neben Blautanne, Oldtimer neben Mobiltelefon, Gartenzwerg neben Bauhauslampe und dergleichen als zwingendes Erfordernis kulminierender sekundärer Naturen, aufgezeigt von Rolf Peter Sieferle „Die totale Landschaft" in „Neue Landschaften", Kursbuch, 131, 1998

18 U. a. wird gerade der Begriff von Ersatzwelten, Ersatzarchitekturen (vergleichbar den Organtransplantationen der Medizin) von Martin Pawley in seiner Arbeit „Auf dem Weg zur digitalen Desurbanisierung" ausgeführt (in „Virtual Cities – Die Neuerfindung der Stadt im Zeitalter der globalen Vernetzung", hg. von Christa Maar und Florian Rötzer, Birkhäuser 1997)

19 Siehe dazu vertiefend: Roman Höllbacher und M. Max. Rieder „Die Beliebigkeit der Zeichen – Bemerkungen zur Ästhetik von Landschaft und Architektur im Tourismus" (in „Verreiste Berge – Kultur und Tourismus im Hochgebirge", hg. von Kurt Luger und Karin Inmann, Studien-Verlag, 1995); u. a. wird eine Formentheorie zum alpin-rustikalen-ländlichen Hausdach entworfen.

19a Dies kann im Verhältnis von Reisedistanz zu Reisedauer bzw. Bewegungsradius zu Aufenthaltsdauer reziprok erkannt werden, z. B. 1000 km in 2 Stunden: 1000 m in 20 Stunden

20 Vgl. dazu eine äußerst konzise Beschreibung von standardisiertem Tourismusverhalten von Alexander G. Keul & A. Kühberger „Ameisenstraße für Individualisten – Feldbeobachtungen im Städtetourismus" (in „ Der durchschaute Tourist – Arbeiten zur Tourismusforschung", hg. von R. Bachleitner, H. J. Kagelmann & A. G. Keul, München: Profil, 1998) und ausführlich in: A. G. Keul, „Die Straße der Ameisen" (München: Profil, 1996)

21 Vergleichbar mit den Erkenntnissen und Umsatzanteilen der sogenannten „Miniläden" von Tankstellen: das Sekundäre frißt das Primäre.

22 Natürlich gibt es raffiniertere Formen- und Strukturmerkmale als den des Distriktes/Komplexes, aber diese sind eher durch camouflierende und sukzessive Aneignung von Bestandsbauten (als „in einem Guß") entstanden, wie z. B. in innerstädtisch denkmalgeschützten Lagen. Dort kommt es dann zu einer weiteren Verschleierung der tatsächlichen Hintergründe z. B. durch Scheinkonkurrenz u. dgl., z. B. Brüssel, Salzburg, Wien, neuerdings werden in ehemaligen Ostblockländern ganze Straßenzüge aufgekauft. Als ein Beispiel des absurden und bereits jetzt vor Fertigstellung als gescheitert zu betrachtenden Vereinigungsprogramms Berlins kann die Rekonstruierung ganzer Stadtviertel und Platzanlagen mittels historisierender Blockrandkonzepte des Berliner (Zinskasernenhaus) Traufenmilieus – z. B. beim Potsdamer Platz – festgestellt werden.

23 Hier sei darauf hingewiesen, daß B. Tschumi, Rem Koolhaas „Delirious New York" (1978) wesentliche Beiträge zur Wiedererlangung komplexerer Nutzungs- und Ge-

brauchsvielfalt von Gebäuden machte, die in der amerikanischen Literatur als „Hybrids" bekannt und definiert wurden. Dies dient dem profitablen Zweck einer Frequenzüberlagerung von Ausnutzungsziffern (den urbanistischem *Turn around the clock*-Phänomen) und dem Redesign eines Postfunktionalismus sowie einer Argumentation gegen monofunktionale Gebäudekomplexe. In einem seiner Werkberichte (Bernhard Tschumi „Event-Cities", MIT Press, 1994) wird der Anspruch des Ereignisses evident und durch Strategien wie *Crossprogramming, Transprogramming, Strategy of the In-Between, De-Familarization* in paradoxer Kultur und Projekten wie Library of France (1989), Business Park Chartres (1991) und Cites of Pleasures Paris (1992) dargestellt.

24 Darunter versteht man bauliche Strukturen, meist Konstruktions- und Gliederungsweisen, welche leicht umgebaut, umgerüstet werden können, also Nutzungsflexibilität in dynamischen und stationären Flächen aufweisen. Eine der zukünftigen Forderungen bei öffentlichen Zuschüssen zu privaten High Risk-Projekten wie ErlebnisWelten sollte sein, daß Nachnutzungskonzepte und Perspektiven für ein sinnvolles Danach plausibel werden.

25 Hier tritt beispielsweise bei den derzeitigen Aktualitäten des Streetsports eine zusätzliche destruktive und ErlebnisWelten beschleunigende Tendenz der öffentlichen Verwaltung zutage, da jene hinsichtlich der Zulassung von z. B. Inline-Skating im öffentlichen Raum äußerst restriktiv vorgeht. Dies bewirkt, daß in vermehrtem Maße Jugendliche die Erfahrung machen, daß Öffentlichkeit privatisiert werden muß und es zu einer Abwanderung in die Indoor-Welten kommt.

26 Zweifellos sind Dulten und Kirtatage mit ihrem derzeitigem Angebot anachronistisch.

27 MUDs sind virtuelle Spiel- und Handlungsräume im Internet, Atavare virtuell geschaffene personae, deren Charakter, Geschlecht, etc. man sich selbst entwirft und als Teil einer multiplen Persönlichkeit (mP) mit anderen mP kommuniziert, spielt, realisiert.

28 Aus Jon Elster „Subversion der Rationalität" (Frankfurt/M.: Campus 1987)

29 Hier wird natürlich die Forderung nach Distinktions- und Wahrnehmungsfähigkeit laut, weil ohne diese verkümmerten menschlichen Eigenschaften *WIR* nie mehr Neues als Schönes im Touristenland Österreich empfinden und erkennen können. Vielleicht reicht ein banaler antiakademischer Ansatz schon aus: *Schönheit wird dann erkannt, wenn man die Form aus der Veränderung durch Geschichte – und, im Vergleich dazu, aus ihr heraus verstanden hat bzw. verstehen kann.*

Uwe Drost

Marketing versus Planung

Überlegungen zu einer integrativ-dynamischen Standort-Raumplanung

Ohne hier in semantische Studien zu verfallen, die sich über „Planung von Marketing" oder „Marketing der Planung" auslassen, sollte anfangs darauf hingewiesen werden, daß beide Begriffe im Rahmen einer zukunftsweisenden Raum- und Bezugsordnung auf das Potential der in ihr steckenden Mehrdeutigkeit hinterfragt werden müssen.

Marketing darf nicht mit dem so beliebten wie bedeutungslosen Begriff des City-Marketing verwechselt werden, hinter dem sich im allgemeinen nicht mehr als die mehr oder weniger zeitgemäße Dekoration von Konsumbereichen versteckt, und die weitgehend als wirtschaftsbezogene Imageaufwertung verstanden wird.

Marketing – oder präziser ausgedrückt: Stadt-/Standortmarketing – ist als ein dynamischer Prozeß zu verstehen, der den Aktionsbereich und die Inhalte einer ganzheitlichen, in sich flexiblen Planung und deren Abläufe definiert.

Hierbei plädiere ich nicht für die totale Abschaffung der bisher praktizierten Planungsmechanismen und der damit verbundenen Rechtshoheit, sondern für eine Umstrukturierung der Aufgabenfelder sowie deren Zuständigkeit.

Inhalte und Zielsetzungen des schon vielfach praktizierten „Public-private-partnerships" (ppp) mit ihren zentralen Kategorien „Kommunikation" und „Kooperation" bieten hierbei die Grundvoraussetzungen für einen bewußten und integralen Umgang mit Fragen zur zukünftigen Entwicklung einer Stadt oder eines Standortes.

In Zeiten, in der die Öffentliche Hand nicht nur finanziell, sondern vielfach auch strukturell überfordert zu sein scheint, bedarf es Strategien, die es der Gesellschaft über die periodisch stattfindenden Wahlen hinaus ermöglichen, Einfluß auf wirtschaftliche und politische Entwicklungen und Entscheidungen nehmen zu können.

Kritiker dieser Überlegungen befürchten die Einführung einer neuen Verwaltungskultur, die durch eine zu enge Kooperation mit der Wirtschaft in der Bearbeitung der Inhalte und Verfahren der Stadtentwicklung und -planung korrumpiert werden könnte.

Der Begriff des *Stadt-/Standortmarketings* beinhaltet als seinen elementaren Grundzug die Idee der Kommunikation und Kooperation in einem sich dynamisch entwickelnden Dialog zwischen den Entscheidungsträgern der öffentlichen Hand und der privaten Wirtschaft, mit der Zielsetzung, die jeweils notwendigen Maßnahmen gemeinsam und gleichberechtigt zu bündeln und zu optimieren.

Leider wird der vielfältige Begriff des Stadt-/Standortmarketings zu oft durch die fast nur eindimensional orientierte Auffassung der Betriebswirtschaftlichkeit unterwandert. Die einzelnen Entscheidungsträger der Öffentlichen Hand sehen in Produktivität und Leistung meßbare Größen des „Marketingproduktes" Stadt. Um diese Vorstellungen an die Bürger und andere mögliche Abnehmer weiterzutragen, werden fast nur traditionelle Marketingstrategien – Produktmarketing, Kommunikationsmarketing, Distributionsmarketing, sowie Kontrahierungsmarketing – angewandt.

Eine ähnlich begrenzte Sichtweise zeigt die oftmals durch die Tourismusindustrie und die ihr angeschlossenen Einrichtungen durchgeführte Standort- und Imagewerbung, deren Erfolg sich fast ausschließlich an der Erhöhung der Besucher- und Kundenfrequenzen mißt.

Auch die Vermischung von Stadt-/Standortmarketing mit privatwirtschaftlich orientierten Investitionen im Bereich der Objekt- und Stadtplanung stehen aufgrund ihrer finanztechnischen Ausrichtung vielfach im Widerspruch zu der Mehrschichtigkeit und dem integrativen Grundsatz des Stadt-/Standortmarketings, das zudem auch zeitlich anders strukturiert ist.

Das Stadt-/Standortmarketing kann auch als neue Dimension der seit den siebziger Jahren bestehenden Stadtentwicklung gesehen werden. Hierbei wird durch den kooperativen Ansatz das Spektrum der möglichen Bereiche, die parallel oder integral betrachtet bzw. bearbeitet werden sollen, beachtlich erweitert.

Neben den schon angesprochenen Schwerpunkten – Kommunikation, Koordination und Konsensbildung – muß der *integrative und beteiligungsorientierte Ansatz*, sowie die *interdisziplinäre, umsetzungsorientierte Ausrichtung* eines dynamischen Stadt-/Standortmarketings hervorgehoben werden. Das angestrebte Ziel einer solchen, in ihrer Ausrichtung offenen und flexiblen Strategie, ist die Formulierung eines gemeinsam erarbeiteten *Leitbildes*. Dies meist städtebaulich orientierte Leitbild dient – neben der Optimierung und Koordinierung von öffentlichen und privaten Interessen und Ressourcen – der Umsetzung von qualitativ hochwertigen, in ihrer Grundhaltung jedoch flexiblen, städtebaulichen Maßnahmen.

Die Umsetzung und der Erfolg eines jeden Stadt-/Standortmarketings hängt entscheidend von der Zusammensetzung der einzelnen Arbeitskreise sowie von der Qualität und Belastbarkeit der bestehenden oder aufzubauenden Kommunikationsstrukturen ab. Dabei ist es wichtig, darauf hinzuweisen, daß trotz des Phänomens der Globalisierung der individuelle Prozeß – und die damit verbundenen jeweils neu zu definierenden Arbeitsstrukturen – und nicht eine standardisierte Vorgehensweise, entscheidend sind für den Erfolg eines solchen Marketings. Die lokalen Ausgangssituationen, die jedesmal neu und anders anzutreffen sind, müssen dabei entsprechend berücksichtigt werden.

Dieser Prozeß erscheint besonders wichtig bei einer immer stärkeren internationalen ökonomischen Vernetzung, deren Folgen und Einflüsse wir zur Zeit an allen Börsen und in den damit verbundenen Wirtschaftsstrukturen verspüren. Losgelöst von nationalen Grenzen befinden sich einzelne Regionen und Städte in einem Konkurrenzkampf, der sie über ihren bisherigen Planungsbereich hinausführt.

So stehen Städte gleicher Größe und ähnlicher infrastruktureller Ausstattung im direkten Vergleich bzgl. zukünftiger Investitionen. Verstärkt treten dabei die physischen Vernetzungen zwischen Schiene, Strasse, Wasser und Luft in den Vordergrund, da sie die eigentlichen Investitionen und die damit verbundenen Produktionsabläufe entscheidend beeinflussen.

Beispiele in dieser Kette durch Standortmarketing umworbenen Investitionen sind – neben der Ansiedlung von produktionstechnisch orientierten Projekten, – z. B. *Großveranstaltungen* wie die Olympischen Spiele, die Fußballwelt- oder Europameisterschaft, die EXPO oder die immer größer werdenden Messeveranstaltungen und die damit verbundenen territorialen Ausdehnungen. Als Beispiele könnten hierfür in Deutschland die Standorte Leipzig, München, Düsseldorf und Hannover genannt werden. Diese Veranstaltungen bedienen sich des Phänomens „Masse" und dem damit verbundenen Begriff der *Frequentierung*. Je größer, desto „erfolgreicher", und wenn man sich flächenmässig nicht mehr ausdehnen kann, muß entweder der Standort gewechselt werden, oder die Attraktivität mittels symbolhafter Gesten künstlich erhöht werden (siehe den Wettbewerb um die Messe Basel).

Diese Marketingstrategie ist jedoch nicht neu. Sie kann in verschiedenen Varianten schon seit Jahrzehnten im Bereich des Tourismus beobachtet werden, wo nicht ohne Grund der Begriff „Massentourismus" die Frequentierung einzelner Urlaubsregionen umschreibt. Hier wird nicht mehr ein einzelner Standort vermarktet, sondern in der Regel finden sich ganze Landstriche, ja sogar ganze Länder im Verbund einer oftmals werbewirksam formulierten Identität.

Aber wie schon zuvor angedeutet, sind diese Strategien oftmals eindimensional angelegt und berühren damit nur Teilbereiche eines kooperativen und integral orientierten Stadt-/Standortmarketings. Vielmehr gilt es, beim Stadt-/Standortmarketing alle für den Betrachtungsbereich relevanten Fragen zu stellen und zu diskutieren, und durch die kooperative und umsetzungsbezogene Arbeitsweise schon etablierte Meinungen in einen neuen Dialog zu stellen. In diesem Zusammenhang erscheint es wichtig, auch darauf hinzuweisen, daß dieser Prozeß der Hinterfragung auch nicht vor gewissen Tabuthemen haltmachen soll. Oftmals scheitern die Stadt-/Standortmarketingkonzepte an einem zu eng formulierten Aktionsbereich. Dies zeigt sich besonders oft in der ungenügenden Berücksichtigung interkommunaler bzw. regionaler und überregionaler Aspekte der Stadtentwicklung. Es ist notwendig, durch eine territoriale Ausrichtung der Grundkonzeption einer Gesellschaft, die durch eine physische und ökonomische Mobilität organisiert ist, vor allem auf regionaler Ebene gerecht zu werden.

Die Förderung dieser lokalen Ökonomie und die damit verbundene Wiedergewinnung von Identitäten muß auch im Dialog bzw. als Reaktion auf die Phänomene der sogenannten 2. Moderne gesehen werden.

Als Eckpfeiler der *2. Moderne*, die in ihren Grundzügen eine positivistische Haltung einnimmt, ohne jedoch an die Glorifizierung der Klassischen Moderne anknüpfen zu wollen, sind erstens die schon angesprochene Globalisierung – und hier speziell die *kulturelle Globalisierung* –, zweitens die *steigende Arbeitslosigkeit bei gleichzeitig steigender Produktivität*, sowie drittens eine *zunehmende Anzahl an Beschäftigungen, die nicht im klassischen Sinne bewertet werden können*, zu verstehen. Begriffe wie Freizeitkultur oder Poststrukturalimus umschreiben hierbei nur Teilaspekte einer Betrachtung, die versucht, eine teilweise völlig ungeordnete Gesellschaftsentwicklung durch historisierende Bezüge zu strukturieren.

Sicher läßt sich das Phänomen der 2. Moderne weitaus präziser und philosophisch ausschweifender erläutern, dies würde jedoch bzgl. Überlegungen einer Standortdefinierung nur zu einer unnötigen Verkomplizierung führen.

Wo aber findet sich hierbei der Architekt bzw. Planer wieder, der noch immer in einer fast archaischen Weise ausgebildet wird, und sich oftmals zwischen den Fronten wiederfindet, ohne jedoch die Fronten zu erkennen?

Hier sollte man anmerken, daß sich alle Marketingkonzepte vielfach räumlicher Fixpunkte bedienen, ohne diese jedoch selbst formuliert zu haben. Diese Fixpunkte, die oftmals die Grundsteine einer ziel- und leitbildorientierten Marketingstruktur darstellen, stellen hierbei sowohl Herausforderung als auch Entwicklungspotential dar.

In einem solchen Kontext muß planerisches Denken und Wirken als Moderation und Strukturanalyse verstanden werden. Die Komplexität der Aufgabenstellung eines Stadt-/Standortmarketings, das vielfach vor dem Hintergrund einer in sich instabilen Interessenslage, bedingt durch den Teilnehmerkreis, agieren muß, führt zum Einsetzen eines neutralen Moderators, der sowohl Schlichter als auch Katalysator in diesen Findungsprozeß ist. Genau an dieser Schnittstelle sollten sich Architekten und Planer, unabhängig von der reinen Objektplanung sowie der nur nach den klassischen Methoden praktizierten Bereiche Städtebau und Regionalplanung, über ihre eigentlichen Fähigkeiten des Strukturierens und Koordinierens Gedanken machen, und dies als eine fachlich-übergreifende und umsetzungsorientierte Entwicklungsmöglichkeit betrachten.

Hierbei sind Personen gefragt, die – mit entsprechenden Führungsqualitäten ausgestattet – neben der eigentlichen Steuerung eines Prozesses, gerade diesen schon im Vorfeld formulieren und somit als Katalysator fungieren.

Abschließend ist festzuhalten, daß das Stadt-/Standortmarketing sicher keinen Ersatz für die jetzt praktizierte Stadtentwicklungsplanung darstellt, diese jedoch von ihrer vielfach nur flächenorientierten Ausrichtung abbringen kann, um den Dialog über den klassischen Rahmen der Stadtentwicklungsplanung hinaus um Themen zu erweitern, die den ökonomischen wie auch ökologischen Herausforderungen mit mehrschichtig formulierten Strategien entgegentreten, die sowohl theoretisch strukturiert als auch umsetzungs-/ziel- und leitbildorientiert sind.

Brennpunkt Deutschland

Der gesellschaftliche Wechsel von der Produktions- in eine Dienstleistungs- und Freizeitgesellschaft, gepaart mit neuen Ideen zum Standortmarketing hat in Deutschland in den Jahren nach der Wiedervereinigung immer mehr an Dynamik gewonnen. Neben den bekannten strukturellen Entwicklungen an der Peripherie der Städte sowie deren partielle Neustrukturierung und Wiederbelebung der Innenstadt, sind großmaßstäbliche Projekte zu beobachten, die sich intensiv mit der Symbiose zwischen bestehenden Infrastukturen und der Optimierung von Angeboten aus den Bereichen *Handel und Entertainment* auseinandersetzen.

Eine dieser Entwicklungen war und ist eine *Neubewertung der bestehenden Bahnhöfe* im Zuge des Ausbaus des gesamten schienengebundenen Verkehrs. Mit der Privatisierung der Deutschen Bundesbahn und deren Umbenennung in Deutsche Bahn AG, sowie weiteren tiefgreifenden Umstrukturierungen der Unternehmen, erfolgte auch eine Neubewertung der sich im Eigentum der Bahn AG befindlichen Liegenschaften. Viele dieser Flächen sind, bedingt durch ihre zentrale Innenstadtlage, Ausgangspunkt grundlegender städtebaulicher Umstrukturierungen. Da die Bahn AG über das Planungsrecht auf ihren Flächen verfügt, gab und gibt es für viele dieser Schlüsselbereiche keine rechtsgültigen Bebauungspläne. Die darauf stattfindenen Planungen, Planstudien und Entwicklungsmaßnahmen stehen damit oftmals außerhalb der durch die Verwaltungseinheiten der Städte formulierten städtebaulichen Entwicklungsabsichten.

Die nachfolgenden Projekte des Hamburger Büros Bothe Richter Teherani stellen dabei den derzeitigen Höhepunkt einer Entwicklung dar, die dieses Planungsvakuum durch zukunftsweisende Projekte und Bauten hinterfragt und gleichzeitig neu formuliert. Neben der Entwicklung des Prototyps *„UFO" (Unbeschränktes Freizeit Objekt)* stellen die Projekte für die Überbauung des Hauptbahnhofes Dortmund und der Neubau des ICE-Bahnhofes am Frankfurter Flughafen, mit dessen zukünftigen Ausbauphase, den Versuch dar, durch die Optimierung der Programmabläufe und der einzelnen Einheiten, ein gesamtheitliches Image zu erstellen, das zur Identität und Vermarktung des Standortes und dessen Inhaltes beitragen soll.

Abbildung 1: UFO-Prototyp. Projekt von Bothe Richter Teherani, Hamburg. Computerbild von Erik Recke, DATALAND

Abbildung 2: Hauptbahnhof Dortmund. Projekt von Bothe Richter Teherani, Hamburg. Computerbild von Erik Recke, DATALAND

Abbildung 3: Hauptbahnhof Dortmund. Projekt von Bothe Richter Teherani, Hamburg. Computerbild von Erik Recke, DATALAND

Reinhard Bachleitner

Erlebniswelten:
Faszinationskraft, gesellschaftliche Bedingungen
und mögliche Effekte

Jede Gesellschaft konstruiert sich letztlich „ihren" Tourismus. Sie ermöglicht ihn, läßt bestimmte Formen zu oder begrenzt ihn. Kurz: Sie steuert und verändert „ihren" Tourismus, ist er doch in der jeweils existenten Form und Ausprägung auch erst durch und unter den postmodernen gesellschaftlichen Bedingungen entstanden. Das dabei entwickelte und wahrnehmbare Bild des Tourismus in der Gesellschaft fällt zwar vielschichtig, aber meist klischeehaft aus: Neben die positiven Assoziationen treten vermehrt die negativen Effekte, insbesondere die zerstörerischen Folgen für regionale Kultur und Ökologie hervor. Diese werden dann meist plakativ und selten differenziert thematisiert.

Wie sehen nun all diese Problemlagen in jenem innovativen Tourismussegment aus, das heute für viele Regionen zur möglichen Hoffnungsnische in dem seit etwa 1990 abflauenden Tourismusaufkommen in Mitteleuropa geworden ist: Dem Erlebniswelt- und Erlebnisparktourismus? Die Multioptionsgesellschaft hat sich nämlich zwischenzeitlich multifunktionale Erlebniswelten mit intensiver Abwechslung und enormer Reizvielfalt als neue Facette im Tourismus geschaffen. Dieser Innovationsschub erfaßt zeitverzögert auch die österreichische Tourismusszene. Auf drei Ebenen soll diesem neuen Erlebnisangebot in der touristischen Freizeitkultur nachgespürt werden:
– Worin besteht die Faszinationskraft von Erlebniswelten?[1]
– Welche gesellschaftlichen Bedingungen und tourismusspezifischen Faktoren führen bzw. führten zur Herausbildung von Erlebniswelten?

– Welche möglichen Auswirkungen dieser Erlebnisparks (hier die Mittersiller „Alpenwelt") sind auf ökonomischer, ökologischer und soziokultureller Ebene denkbar?

Hinter diesen Frageperspektiven steht die Grundannahme, daß diese „Erlebniskultur" als weitere Station bzw. Schaltstelle innerhalb der Kommerzialisierung der Emotionen gelten kann. Diese Vermarktung der Gefühle, die oberflächlich betrachtet auch als eine Gegen- und Ausbruchsbewegung im Prozeß der Zivilisation und als „Preis der Zivilisation"[2] gewertet werden kann, ist unserer Meinung nach eher als eine neue Facette im Prozeß der Kanalisierung der Emotionen interpretierbar. Die Zwänge der Moderne, die u. a. eine Kontrolle der Affekte (Gefühlskontrolle) mit sich brachte, suchen und konstruieren sich gesellschaftlich akzeptierte Felder des Er- und Auslebens für Gefühle mit deutlich körperbezogenen Elementen.

Doch nun zu den Fragen im einzelnen:

I.
Worin besteht nun die Faszinationskraft von Erlebniswelten?

Oder anders gefragt: Welches Psychogramm müssen Erlebniswelten aufweisen, um langfristig die entsprechenden Auslastungsquoten zu garantieren?

Es geht bei dieser Frage vor allem um das Aufzeigen der Nachfragebedingungen, die in ein *emotionales* und *pragmatisches* Potential differenziert werden können:

1. Erlebniswelten garantieren die Möglichkeiten von Mehrfach-Abenteuern mit „Null-Risiko" und lösen dadurch Glücksgefühle aus, die sich wie folgt beschreiben lassen und zwar als:
   – *Möglichkeit der Erinnerungen an faszinierende Augenblicke*
   – *Gefühle völliger Entspannung*
   – *Illusion von Geborgenheit*
   – *Gefühle vollkommener Harmonie*
   – *ästhetische und emotional angenehme Atmosphäre*
   – *Erzeugung einer unbeschwerten Stimmung*
   – *Suggestion von außergewöhnlichen und unvorhergesehenen Ereignissen*

- *Evokation unbeschwerter Freiheitsgefühle*
- *Erfahrung einer perfekten Illusion*
- *letzter „Kick"* (vgl. dazu auch Opaschowski 1995, S. 25f)

2. In einer weiteren Stufe der emotionalen Perfektionierung bieten diese Erlebniswelten die Möglichkeit ständiger Erlebnis-Wiederholung an, und stellen so gleichsam eine „unendliche Geschichte" der Kompensation dar. Dies kann auch als organisiertes und rationalisiertes Spielverhalten gedeutet werden.

3. Weiter wird in den Erlebniswelten die Alternative geboten, diese Erlebnisspirale selbst zu steuern. In verschiedenen Intensitätsgraden wird Erlebniskonsum daher erfahrbar. Hier können die ersten fünf Stufen der einsetzenden Erlebnisinflation (vgl. Opaschowski 1994, S. 42ff) stellvertretend für den Prozeß dieser Erlebnisekstase genannt werden:

- *„Alles sofort"*: Instant-Konsum (= sofortige Bedürfnisbefriedigung mit einer „genieße-jetzt"- Mentalität)
- *„Immer mehr"*: Erdnuss-Effekt (= ein Mehr-aus-dem-Leben-Herausholen bis hin zur konsumativen Übersättigung)
- *„Immer hastiger"*: Hopping-Manie (= Suche nach der schnellen Sensation und ein Mehr-tun-in-der-gleichen-Zeit)
- *„Immer maßloser"*: Thrilling-Effekt (= Erlebnissteigerung durch „Angstlust": Angst vorher, Lust nachher)
- *Immer überdrüssiger: Zapping-Phänomen* (= Erlebnisjagd ist das angestrebte Ziel)

4. Diese Utopie eines aktiven Sich-selbst-Erlebens kann Prozesse der Verinnerlichung auslösen: Die Sinnsuche nach dem „Ich – danach" setzt ein.

5. Schließlich stellt sich die Illusion ein, dies wirke gegen die Erscheinungen des Massendaseins: Erlebnisse, die eigentlich nur mir selbst zugänglich sind, ermöglichen ein lustvolles, positives Eigenerleben; gleichsam eine individualistische Abgrenzung gegenüber anderen wird möglich.

6. Zu guter Letzt gesellt sich eine neue (artifizielle) Ästhetik dazu: technisch reproduzierte Natur, die eine Überhöhung im Sinne technischer Vollendung der Natur darstellt.

Dieses differenzierte Potential bündelt sich beim Einzelnen zu einer komplexen Erwartungshaltung, die darauf abzielt, anfaßbare Erlebnisse in einer emotional aufgeladenen Begehrenssituation zu erfahren.

Neben diesem Emotions-Design offerieren Erlebnisparks aber auch

ein rein pragmatisches Potential, das ebenfalls motivierend wirkt. Es besteht aus den folgenden Faktoren:
- *Kurze Verweildauer, leicht buchbar, meist witterungsunabhängig*
- *Fertiges Produktpaket von gehobener Hotellerie, Gastronomie, Entertainment*
- *Sozialer Prestigegewinn*
- *Hohe Sozialtechnologie; hohes Sicherheitsgefühl (im ordnungspolitischen Sinn)*

Zusammenfassend stellt sich diese Gefühlsspirale folgendermaßen dar.

Emotionales Potential von Erlebniswelten (Erlebnis- und Emotion-Design)

Grade der Reflexion ⬇

- Die Möglichkeit von Mehrfach- Abenteuern mit "Null-Risiko" mit verdichteten Bildwelten erzeugt Gefühle hoher Aktivität und löst "Glückskriterien" aus
- Hohe psychische Reizintensitäten mit der Möglichkeit ständiger Wiederholung ("unendliche Geschichte" der Kompensation)
- Utopie, die Erlebnisspirale selbst zu steuern, um sich von äußeren Zwängen zu befreien (Erlebnisekstase)
- Erzeugt die Utopie eines aktiven sich-selbst-Erlebens, welches Prozesse der Verinnerlichung auslöst
- Erzeugt die Illusion, gegen die Erscheinungen des Massendaseins zu wirken, die Momente des subjektiven Erlebens - die nur mir selbst zugänglich sind - ermöglichen lustvolles Eigenerleben
- Erlebnis einer neuen Ästhetik: technisch reproduzierte Natur, neu inszenierte simulierte Natur wird zur technischen Vollendung

Pragmatisches Potential von Erlebniswelten

- Kurze Verweildauer, leicht buchbar, meist witterungsunabhängig
- Fertiges Produktpaket von gehobener Hotellerie, Gastronomie, Entertainment
- Sozialer Prestigegewinn
- Hohe Sozialtechnologie / hohes Sicherheitsgefühl

II.
Welcher gesellschaftliche Hintergrund ermöglicht die genannten Fakten bzw. forciert sie?

Es existieren eine Reihe von klassischen „Boomfaktoren", die den heutigen (post-) modernen Massentourismus ermöglichten. Diese Faktoren ihrerseits sind nun einem ständigen internen und externen Wandel unterworfen und ändern somit auch spezifische Segmente im Tourismus. Neue Tourismusformen – so auch der Erlebnistourismus – können dabei entstehen.

Im einzelnen gelten folgende Bedingungsfaktoren als Ursachen für den (post-)modernen Massentourismus:
- *Mobilitätsveränderung* (von der Eisenbahn über die private Motorisierung hin zu den Charterlinien)
- *Breite Verteilung von Wohlstand sowie ständig wachsende (reale) Einkommen und Kaufkraft bei gleichzeitig wachsender „Erbengesellschaft"*
- *Quantitativer Zuwachs von Blockfreizeiten*
- *Wertewandel bzw. veränderte Wertakzentuierung* (von Pflichtwerten zu hedonistischen Wertvorstellungen)
- *Wandel der Arbeits- und Wohnbedingungen* (zunehmende psychische Belastungen und Urbanisierung)
- *Neue Buchungssysteme am Reisemarkt* (START etc.)
- *Ausbau der Tourismusindustrie und -politik* (Hotellerie, Transportwesen, Reisebürobranche, Erleichterungen in den internationalen Reiseverkehrsbestimmungen etc.)
- *Motivation durch Reiseberichte und -führer, Reiseliteratur sowie eine breite Tourismusberichterstattung in den Medien* (Fernsehen, Internet).

In diesem Rahmen können nur einige der genannten Bedingungsfaktoren thematisiert werden und zwar jene, die für veränderte Zuwendungsmuster in Hinblick auf Erlebnisparks relevant sind:

Mobilitätstrends:
Aktuelle Studien (Expertenbefragung/Delphi-Studie in Deutschland/Österreich/Schweiz 1997) zeigen bzw. prognostizieren erste Sättigungstendenzen im reisebezogenen Mobilitätsverhalten und zwar:

- Ferndestinationen und Destinationen, die über 6 Stunden-Flugzeit liegen, verlieren an Attraktivität (Austauschbarkeit der Exotik bei Ferndestinationen, gesundheitsbezogene Aspekte, politische Unruhen, abnehmendes Prestige etc. werden genannt);
- die sozialen und kulturellen Entbindungen, die mit der Mobilität verbunden waren bzw. diese anfänglich auch auslösten, sind zwischenzeitlich für viele ausgereizt; das ehemals Fremde ist für viele nicht mehr fremd und die Tendenz, auch die Nähe und die unmittelbare Region wieder zu entdecken, nimmt zu;

Man kann daraus folgern, daß Nahziele, sofern sie Exklusivität und subjektiv Neues garantieren, wieder aktuell werden und durchaus in den Entscheidungshorizont der Reiseüberlegungen rücken.

Veränderte (Frei)-Zeitstrukturen:
Entscheidend und erklärungsleitend für ein verstärktes Nachfrageverhalten bei Erlebniswelten sind vor allem die verschiedenen Entwicklungen innerhalb der Arbeitszeitmodelle, nämlich:
- Die Flexibilisierung der Arbeitszeiten und somit höhere Verfügungsspielräume bei der Gestaltung von Freizeiten durch Gleitzeit, Teilzeit, Langzeitkonten, Jahresarbeitszeiten.
- Die Verdichtung der Arbeitszeiten und somit Erhöhung der Blockfreizeiten.
- Die Möglichkeit des Konsums von Einzeltagen.

Dies alles verstärkt den Trend zu Kurzaufenthalten und zu Kurzbesuchen von Erlebniswelten, deren Einzugsgebiete max. 2-3 Stunden Fahrzeit nicht überschreiten soll.

Wertewandel – Konsumtrends – veränderte Emotionslagen
Eine dominante gesellschaftliche Leitorientierung der Gegenwart ist ein verstärktes Konsum- und Genußstreben, gepaart mit einem hohen Grad an Individualität im Sinne von biographischer Sinnsuche und sozialem Unterscheidungsverhalten. Standardisierung und Individualisierung der Lebensorganisation ergänzen einander. Insbesondere im Freizeit- und Urlaubsverhalten verdichten sich diese Elemente zu spezifischen Urlaubs- und Reisestilen (vgl. Rotpart 1997), in welchen eine oft „radikale Verführung" mit intensiven Gefühlserlebnissen das erklärte Ziel ist. Dahinter steht u. a. die „nihilistisch-anomische Kulturkrise" – die ihren Ur-

sprung im nicht bewältigten wissenschaftlichen und technischen Fortschritt hat – und nach psychischer Entlastung verlangt.

Maßgebend für diese hier skizzierte Entwicklung, einschließlich des Werte- und Emotionswandels sind vor allem folgende gesellschaftlichen Veränderungen:
- Eine weitere Bedeutungsverschiebung der Relation von (Erwerbs-) Arbeit und Freizeit bringt die Tendenz mit sich – so zumindest mehrere Meinungsumfragen, die die Rangfolge von Lebensbereichen erfaßten (vgl. u. a. Lamprecht & Stamm 1995) –, daß Arbeit gleich und mitunter sogar hinter die Freizeit gereiht wurde. D. h., daß die Freizeit-/Urlaubswelt zumindest als gleichrangig (nicht gleichwertig) neben der Arbeits- und Berufswelt aufgefaßt wird. Da aber unser Bildungssystem derzeit noch primär auf die Kognitionsschulung für die Berufskarriere ausgerichtet ist, die Freizeitkarriere jedoch für viele ebenfalls identitätsstiftend neben dieser existiert, kann es zu Orientierungsproblemen mit einem unkritischen Konsum- und Freizeitverhalten kommen: Die Erlebnisinflation wird eingeleitet.
- Gleichzeitig ist ein weiteres Zurückdrängen des Realitätsprinzips durch das Lustprinzip erkennbar, da die Realität mit ihrer Verabsolutierung der Rationalität wenig Spiel und wenig Freiräume für Emotionen, Sinnlichkeit und Ästhetik (an)bietet. Die traditionell technisierte Arbeitswelt verlangt gleichsam als Ergänzung bzw. als Kompensation nach emotionalen Erlebniswerten.
- Schließlich zeichnet sich ein Wandel vom Authentischen zum Artifiziellen ab. War früher das Authentische die zentrale Form des Erlebens, Erfahrens und Seins im Tourismus (Bendix 1994, S. 59), so besteht heute – im virtuellen Zeitalter – für den Tourismus die Chance und die Hoffnung in den Kunstwelten. Die Inszenierung von Kunstwelten und deren raffinierte Vermarktung ist für viele Regionen ein Hoffnungssegment geworden, da die erzeugten artifiziellen „Authentizitäten" akzeptiert werden. Die Erlebnisformen in Natur- und Kunstwelten dürften einander ähnlen und auch bei so manchem das ökologische Gewissen entlasten.
- Dieser Wertewandel hat auch für die Änderungen der Emotionskultur Bedeutung[3]. In Abhängigkeit vom soziokulturellen Wertewandel – wie immer man ihn bewerten und auch methodisch zu fassen vermag – vollzieht sich parallel ein Wandel der Emotionen.

Der Emotionshaushalt des Einzelnen unterliegt kulturellen und kollektiven Codierungen. Der Alltag in postmodernen Gesellschaften ist für nicht wenige durch ein hohes Maß an emotionaler Kontrolle geprägt. Gefühle wurden aus dem öffentlichen Raum in den privaten Raum gedrängt. Heute werden diese Emotionen in neue (Erlebnis-)Räume verwiesen, da Affekte und Gefühlsausbrüche im „normalen" gesellschaftlichen Kontext zu den Störfaktoren zählen. Nur in einigen wenigen Bereichen werden sie gesellschaftlich akzeptiert und können dort ausgelebt werden. Die Erlebniswelten als kommerzialisierte Handlungsfelder für Emotionen sind somit eine freizeitökonomische Anwort auf diese Bedürfnisse.

Neben diesen gesellschaftlichen (makrosoziologischen) Entwicklungslinien für den Boom an Erlebniswelten finden sich auch auf einer Mikroebene verschiedene Erklärungsvariablen. Auf dieser internen österreichspezifischen Erklärungsebene können folgende Faktoren als Ursachen angeführt werden:

Österreichischer (und mitteleuropäischer) Tourismus ist bereits vor Jahren in die Krise geraten, so daß eine intensive Auseinandersetzung mit den Ursachen für den Tourismusrückgang erfolgte (z. B. Bachleitner 1998, Bachleitner & Keul 1997). Die Erlebnisarmut, das Fehlen an Exotischem sowie insgesamt der Mangel an Attraktionen – nach rund 40 Jahren Alpentourismus ist dies nachvollziehbar – taucht in diesen Begründungsrastern immer wieder auf. Die geplanten „Erlebniswelten" stellen ein Hoffnungssegment dar, das sich auf die inszenierte artifizielle „Authentizität" bezieht; die Besucherstatistiken derartiger Erlebniswelten in der Bundesrepublik, Holland und England erweisen sich als „Erfolgsrezept".

Die folgende Übersicht vermittelt nun Einblicke in die quantitative Verteilung der Gewinner und Verlierer im Tourismus im Bundesland Salzburg.

Erlebniswelten: Faszinationskraft, gesellschaftliche Bedingungen, Effekte

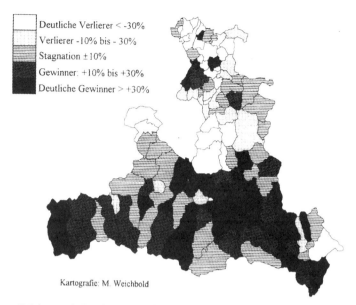

Karte von Salzburg mit Tourismusentwicklung

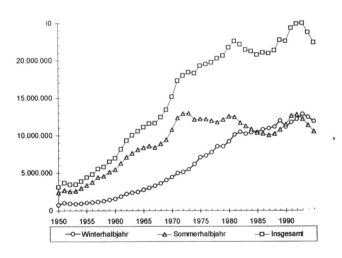

Abb. 1 Übernachtungen im Bundesland Salzburg, 1950 -1995. © *G. Brandstetter;* Quelle: *Österreichisches Statistisches Zentralamt (Hg.), Fremdenverkehr in Österreich, 1950 und Folgejahrgänge.*

Weiterhin kommt, neben der tourismusspezifischen Systemseite sowie den genannten Makro-Einflußbereichen, ein verändertes Anspruchsniveau der heutigen Konsumenten hinzu, welches zur Ausbildung neuer Präferenzen führen kann. Maßgebend dafür ist vor allem eine Bevorzugung der Gegenwart aufgrund einer erkennbaren (abfragbaren) Zukunftsskepsis. Diese wirft uns bevorzugt in die Gegenwart, in das Hier und Jetzt zurück und fördert den Hedonismus im Konsumverhalten (vgl. u. a. Rosenberger 1992) wie etwa:
- der heute eingeforderte *Zusatznutzen* einer Destination (Kultur, Sport, Gastronomie, Events; vgl. kritisch dazu Scherhorn 1992),
- die Garantie einer *hohen sozialen Exklusivität* der Reisedestination (soziales Distinktionsverhalten),
- die Möglichkeit für *kurzfristige Entscheidung* (Flexibilität in der Buchungskapazität) sollte gegeben sein.

Diese konsumspezifischen und gesellschaftlichen Entwicklungsaspekte sind insgesamt für die Genese und den Erfolg von Erlebnisparks mitverantwortlich. In diesen neuen „Welten" werden Gefühle konsumierbar, die zumindest kurzzeitig das verdrängen und vergessen lassen, was an postmoderner Last den einzelnen bedrängen mag.

III.
Welche Auswirkungen und Effekte können von Erlebniswelten bzw. Themenparks ausgehen?

Grundsätzlich – und zwar aus der Sicht der betroffenen Region – können drei Effektebenen identifiziert werden:
- die *ökologische* Ebene (= umweltspezifische Verträglichkeit)
- die *soziokulturelle* Ebene (= soziale und kulturelle Verträglichkeit)
- die *ökonomische* Ebene (= wirtschaftliche Verträglichkeit).

Bisher am intensivsten erforscht sind die *ökologischen* Aspekte (vgl u. a. Gnaiger & Kautzky 1992, Kreib & Ulbrich 1997), wenngleich hier anzufügen ist, daß aufgrund völlig unterschiedlicher Bedingungen bzw. Voraussetzungen für die Situierung der Erlebnisparks die Umweltbelastungen völlig verschieden ausfallen können und auch unterschiedlich zu gewichten sind. So resümiert etwa Hennig (1997, S. 175): „Die ökologischen Wirkungen der Ferienparks sind sehr unterschiedlich; sie hängen wesentlich von der Standortwahl und der Detailplanung der einzelnen Anlagen ab".

Im Zusammenhang mit ökologischen Effekten (Flächenverbrauch, Ressourcenverbrauch, Abwasser- und Abfallaufkommen, Verkehrsbelastungen, Landschaftsbeeinträchtigung etc.) fällt immer wieder auf, daß nach anfänglicher „deutlich negativer Bewertung" sich eine langfristige Annäherung bzw. Konfliktlösung abzeichnet. Dies kann zum einen aus einem Gewöhnungseffekt, hinter dem sich auch Machtlosigkeit verbergen kann, herrühren, oder zum anderen mit einer veränderten Einstellung gegenüber der „Natur" zusammenhängen, wie dies etwa Böhme eindrucksvoll ausführt: „Wenn die Natur, die uns umgibt und uns so wertvoll ist, als ein kulturelles Produkt angesehen wird, dann stellt sich als Grundfrage jeder Naturpolitik nicht die Frage, wie Bestehendes zu schützen ist, sondern wie menschliches Verhalten als Natur-gestaltendes auszusehen hat. Es stellt sich die Frage, nicht nur welche Natur wir haben, sondern die Frage, welche Natur wir wollen" (vgl. freizeitspezifisch dazu Bachleitner 1994).

Zum *soziokulturellen* Auswirkungsbereich von Erlebnisparks liegen bislang wenig systematische Befunde vor. Die von den Kritikern und Befürwortern vertretenen Standpunkte fallen deutlich plakativ und vorurteilsbelastet aus. Die mitunter lange andauernden Konflikte im Rahmen von Genehmigungsverfahren für die Ferienparks (UVP) – wie beispielsweise im Center-Park von Bispingen (BRD) – können nachweislich zu gravierenden Störungen des Sozialklimas in Gemeinden und Regionen führen.

Die Konfrontation der unterschiedlichen „Kulturen" (Gästekultur/Ferienkultur vs. Kultur der ortsansässigen Bevölkerung) bringt ein diffiziles Konfliktpotential mit sich, welches nicht immer in einem harmonischen Dienstleistungsverhältnis endet. Hier eröffnet sich ein breites Forschungsfeld.

Relativ einheitlich hingegen fallen Effekte auf *ökonomischer* Ebene aus. Die wirtschaftlichen Auswirkungen (direkte und indirekte Effekte) für die Region werden meist erfüllt und fallen positiv im Sinne der gesetzten Erwartungshaltungen aus. Kritisch, und zwar insbesondere bei Großprojekten, ist anzufügen, daß diese möglichen direkten und indirekten Beschäftigungs- und Einkommenseffekte in der Regel jedoch geringer sind als es die potentiellen Betreiber darstellen (vgl. dazu Becker

u. a. 1996, S. 48f). Zu Nachnutzungen derartiger Erlebnisanlagen sowie über ökonomische Folgekosten finden sich bislang keine Hinweise. Insgesamt läßt sich im Zusammenhang mit der Forderung eines nachhaltigen Tourismus für Erlebnisparks festhalten: Die Pro- und Kontra-Bewertungen hängen entscheidend von der „nachhaltigen" Konzeption einerseits sowie von der eingesetzten Öffentlichkeitsarbeit andererseits ab. Der Pinzgau als bereits deutlich touristisch überformte Region zeigt hier von allen Regionen (Gauen) des Bundeslandes Salzburg den höchsten Grad an Sensibilität gegenüber Beeinträchtigungen durch den Tourismus, so daß eine breite Informationsarbeit gewährleistet werden sollte (s. Tabelle 1).

Tabelle 1: Meinungsbild gegenüber dem Tourismus

„Durch den Tourismus fühle ich mich in meinem Lebensraum beeinträchtigt".
Zustimmungsprofil aller Befragten (N=998)

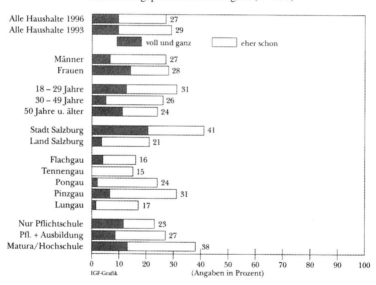

Auch Hennig (1997, S. 23) faßt zusammen: „Die Umweltbilanz des Tourismus ist nicht eindeutig. Schäden und positive Wirkungen stehen einander gegenüber. Den negativen ästhetischen Folgewirkungen, der Umweltverschmutzung, dem Ressourcenverbrauch, der Gefährdung der Naturräume läßt sich durch politische Vorgaben und entsprechende Planungen entgegenwirken. Unlösbar scheinen allerdings unter den heutigen Rahmenbedingungen die mit dem Transport verbundenen Probleme" (vgl. dazu auch Müller, 1998).

Resümee

Erlebnisse sind die derzeit wohl intensivste und vitalste Form der Wahrnehmung unserer Umwelt. Das Bedürfnis der Selbstaktualisierung steht dahinter. Unbewußte Kontrollmechanismen, Einschränkungen des Freiheits- und Selbstbestimmungserlebens sowie die erhöhte Gefühlskanalisierung in der Alltagswelt führen dazu, daß diese Defizite im Urlaub sowie in frei disponiblen Zeiten nach Kompensation suchen. Erlebniswelten sind die technologische-ökonomische Antwort zur Auslebung verschütteter Gefühlswelten. Sie stellen gleichsam eine Realisierungsstation innerhalb des Kommerzialisierungprozesses der Emotionen dar. Die Erlebnisintensivierung wurde daher für viele zum eigentlichen Urlaubsziel und paßt generell in den Funktionswandel des Urlaubs vom ehemals passiv-regenerativen zum aktiv-erlebnisorientierten Handeln. Erlebnistourismus als ein Vehikel für die Steigerung von Selbsterfahrung wirkt vordergründig den Fremdzwängen entgegen.

Wenn wir diese neu entstandene Erlebniskultur betrachten, so drängen sich auch Parallelen zur Fest- und Spielkultur auf: Das kollektive Durchbrechen von sozialen Regeln, das Verlassen des Gewohnten, die zumindest kurzzeitige Auflösung herrschender Normen wird angestrebt und über den Konsum der Erlebniswelten ermöglicht. Diese zutiefst anthropologische Kategorie des „Erlebens" hat eine weitere Umsetzungsvariante gefunden.

Kritisch – und ohne in den klassischen Kulturpessimismus verfallen zu wollen – ist jedoch zu fragen, in welcher Richtung sich diese Erlebnisspiralen und Reizspiralen drehen sollen. Forcieren diese neuen Erlebniswelten nicht bereits ihrerseits wieder Elemente einer Gegenbewegung, also die Perspektive und Herausbildung einer Kultur der Langsamkeit und der Entschleunigung? Wird nun die „erlebnisfreie" Zone (wieder) eine vermarktbare Nische in der Zukunft des Tourismus darstellen? Die Welle neuer Psycho- und Esoterikreisen zeichnet sich längst ab (vgl. Servidio 1996), und weitere Formen des (Sinn-)Erlebens, gerade in postmodernen Gesellschaftstrukturen, werden kreiert. Kurz: In der regionalen Vielfalt liegt die Hoffnung des Tourismus.

Anmerkungen

1 Zu dem hier eingesetzten Erlebnisbegriff sei verwiesen auf Hartmann & Haubl (1996), S. 11ff.
2 Man vergleiche dazu die kultursoziologische Studie von Kuzmics (1989).
3 Zur grundsätzlichen Bedeutung und Rolle der Emotionen in Kultur und Gesellschaft sei verwiesen auf Gerhards (1988) und Vester (1991).

Literatur

Bachleitner, R. (1994). Zur kulturellen Aneignung der Natur durch das Sportsystem. Anmerkungen zur kulturökologischen Überformung der Natur/Landschaft durch Sport. Kultursoziologie 3 (5), 17-37.

Bachleitner R. (1997). Suizid durch Tourismus. Faktum oder Fiktion? Tourismusjournal 1 (2), 225-238.

Bachleitner, R. (1998). Anmerkungen und Anregungen zur Theorie- und Modellbildung in der Tourismussoziologie und das Problem des Tourismusrückgangs aus soziologischer Sicht. (S. 37-48) In: R. Bachleitner, H. J. Kagelmann & A. G. Keul (Hg.), Der durchschaute Tourist. München: Profil.

Bachleitner, R. & Keul, A. G. (1997). Tourismus in der Krise? Der Salzburger Fremdenverkehr im Spannungsfeld von Regionalisierung und Globalisierung. (S. 68-91) In: H. Dachs & R. Floimair, R (Hg.), Salzburger Jahrbuch für Politik 1997. Salzburg: Residenz.

Becker, Ch., Job, H. & Witzel, A. (1996). Tourismus und nachhaltige Entwicklung. Darmstadt: Wissenschaftliche Buchgesellschaft.

Bendix R. (1994). Zur Problematik des Echtheitserlebnisses in Tourismus und Tourismustheorie. (S. 57-84) In: B. Pöttler (Hg.), Tourismus und Regionalkultur. Wien: Verein für Volkskunde.

Böhme, G. (1995). Naturzerstörung – Naturgestaltung. Politische Ökologie 43, 16-20.

Freyer, W. (1995). Tourismus. Einführung in die Fremdenverkehrsökonomie. München: Oldenbourg.

Gerhards, J. (1988). Soziologie der Emotionen. Fragestellungen, Systematik und Perspektiven. Weinheim: Juventa.

Gnaiger, E. & Kautzky, J. (Hg.) (1992). Umwelt und Tourismus. Wien: Thaur.

Hartmann, H. A. & Haubl, R. (Hg.) (1996). Freizeit in der Erlebnisgesellschaft. Amüsement zwischen Selbstverwirklichung und Kommerz. Opladen: Westdeutscher Verlag.

Hennig, Ch. (1997). Reiselust. Touristen, Tourismus und Urlaubskultur. Frankfurt/M: Insel.

Kreib, Y. & Ulbrich, A. (Hg.) (1997). Gratwanderung Ökotourismus. Strategien gegen den touristischen Ausverkauf von Kultur und Natur. Gießen: Focus.

Kuzmics, H. (1989). Der Preis der Zivilisation. Die Zwänge der Moderne im theoretischen Vergleich. Frankfurt/M.: Campus.

Lamprecht, M. & Stamm, H. (1994). Die soziale Ordnung der Freizeit. Zürich: Seismo.

Müller, S. (1998). Konflikte um Center Parcs, kein Zufall. Tourismus Journal 2, 101-113.

Opaschowski, H. W. (1995). „Wir schaffen Glückseligkeit!" Anspruch und Wirklichkeit künstlicher Freizeit und Ferienwelten. (S. 11-34) In: Kathedralen der Freizeitgesellschaft: Kurzurlaub in Erlebniswelten. Trends, Hintergründe, Auswirkungen. (Bensberger Protokolle, 83) Bensberg: Thomas Morus Akademie.

Opaschowski, H.W. (1994). Schöne neue Freizeitwelt? Wege zur Neuorientierung. Hamburg: B.A.T.

Rotpart, M. (1997). Tourismus in der postmodernen Erlebnisgesellschaft. Gesellschaftlicher Kontext, Reisestil, Identitäten und Erlebnisdimensionen. Psychosozial, 20 (3), 73-84.

Rosenberger, G. (1992). Zukunftserwartungen in der Wohlstandsgesellschaft, (S. 71-111). In: G. Rosenberger (Hg.), Konsum 2000. Veränderungen im Verbraucheralltag. Frankfurt/M.: Campus.

Scherhorn, G. (1992). Was ist am Zusatznutzen so problematisch? (S. 157-166) In: G. Rosenberger (Hg.), Konsum 2000. Veränderungen im Verbraucherverhalten. Frankfurt/M.: Campus.

Servidio, P. (1996). Psycho- und Esoterikreisen – Auf Reisen zu sich selbst? Eine Forschungsnotiz. Gruppendynamik 27 (1), 33-38.

Vester, H. G. (1991). Emotion, Gesellschaft, Kultur. Grundzüge einer soziologischen Theorie der Emotionen. Opladen: Westdeutscher Verlag.

Vielhaber, A. u. a. (1997). Fernreisen 2005. Delphi-Studie in Deutschland, Österreich und der Schweiz. Ammerland.

H. Jürgen Kagelmann

Erlebniswelten.
Grundlegende Bemerkungen zum organisierten Vergnügen

1. Tourismuskrise und Erlebnisweltfeuphorie?
Zur Aktualität des Themas

Wenn man in den letzten Wochen und Monaten die Fach-, aber auch die Tagespresse gelesen hat, konnte man nur zu zwei Eindrücken kommen: 1. Es gibt eine latente Tourismuskrise, die für manche Regionen, etwa Österreich, schon ganz manifest ist. 2. Der sicherste Ausweg aus dieser Krise ist das Setzen auf Erlebniswelten.

Zum Ersten: Die Tourismuskrise – gibt es sie? Betroffen sind vor allem die Alpenregionen; hier hat es über die letzten Jahren so dramatische, so schmerzhafte Rückgänge im Tourismus gegeben, daß gehandelt werden muß. Die Frage taucht auf, ob es sich um spezielle Alpenmüdigkeit bzw. ein spezielles „Österreich-Satt" handelt, oder ob es größere, bedeutendere Tendenzen im Reise- und Urlaubsverhalten sind, die sich nur vielleicht besonders früh oder besonders unangenehm in Österreich bemerkbar gemacht haben.

Aus den anläßlich der ITB in Berlin Anfang März präsentierten empirischen Ergebnissen geht immerhin Folgendes hervor:

Die Menschen reisen immer noch und werden auch in Zukunft reisen; Reisen/Urlaub ist offensichtlich ein so wichtiges, fast existentielles Motiv für den Menschen unserer Tage, daß nur im Falle allergrößter finanzieller Einschränkungen und ökonomischer Krisen davon Abstand genommen würde; umso mehr gilt dies, da der Mensch in seiner Geschichte noch nie so viel Freizeit hatte wie heute. Laut Reisemonitor unternahmen die Deutschen 1997 rund 152 Mio. Reisen (6% weniger als im Vorjahr). Für Reisen ins Ausland gaben die Deutschen 72,1 Mrd. DM aus; von den Urlaubsreisen waren 74% längere Touren und 26% Kurzurlaube. Bei den Auslandszielen lag Spanien (9,4 Mio. Buchungen) vor Österreich (9,3).

Die Mobilität ist gleichfalls ein ganz wesentliches Ziel: „Weg" kommen, fahren, fliegen zu wollen, ist ein zentrales Bedürfnis. Da wir in einer globalisierten Welt leben, ist dies mit „weiten" Reisen, Fernreisen gleichzusetzen (was auch dank der künstlich niedrigen Flugbenzinpreise möglich ist). Offensichtlich zwingt aber die wirtschaftliche Situation zu vorsichtigen Reiseausgaben: Ein tendenzieller Rückgang der Flugurlaubsreisen über die nächsten Jahre ist denkbar. Profitieren würden davon die Nah- und Mittelregionen aber auch der eindeutig angewachsene Kurzurlaubs- und Ausflugsverkehr.

Aber zum Kummer der Touristikindustrie sind die Reisenden weniger berechenbar geworden: Sie entscheiden sich immer später („Last Minute") zum Wegfahren, egal wohin. Es gibt auch immer weniger den homogenen Urlaubstyp, der auf eine bestimmte Art von Reise und Urlaub festgelegt ist und etwa jedes Jahr in die gleiche Sommerfrische oder an den gleichen Strand fährt, den treuen Stammgast also. Denn es entspricht der Idee der postmodernen Freizeitgesellschaft, daß man heute ohne Scheu viele, früher nicht zu vereinbarende Dinge unter einen Hut bringen kann. Freizeit und Urlaub sind kaum noch zu trennen; sich spontan zu entscheiden, schnell mal wohin fahren, wird immer beliebter.

Schließlich: Weil die Freizeit immer mehr zu einer Sphäre der Selbstverwirklichung aufgewertet worden ist und weil viele Menschen reiseerfahren sind, also häufig gereist sind und viele Destinationen besucht haben, erwarten sie von einem Kurz- oder Langurlaub etwas „Besonderes".

Zum Zweiten: Die Erlebnisweltneuphorie – gibt es sie? Überall auf der Welt ringen die Touristikmanager ständig und gegenwärtig ganz besonders nach neuen Konzepten, um die – zwar nicht urlaubsmüden, aber häufig des normalen Tourismus überdrüssig gewordenen – Menschen anzulocken. Viele Schlagworte kommen hier in den Sinn: Abenteuerreisen, Extremtourismus, All-Inclusive, neue Studienreisen, sanfter Tourismus, Musicalreisen, Shoppingfliegen usf.

Immer wieder stößt man dabei auf den schillernden Begriff „Erlebnisreisen". Damit sind touristische Angebote mit einem (besonders) hohen Anteil von „Erlebnissen" gemeint: Urlaubsreisen, bei denen die emotionalen Attraktivitäten eine große Rolle spielen. Destinationen, in denen es durchaus ganz unterschiedliche Angebote gibt, die aber alle möglichst neuartige, intensive emotionale Erlebnisse anbieten, werden als „Erlebniswelten", „künstliche Ferienwelten", oder „Ferienparadiese" bezeichnet.

2. Die aktuelle Erlebnissituation in Deutschland und Österreich[1]

Natürlich sind Erlebniswelten eine Mode, ein Trend, ein Boomthema, etwas verdächtig Vielgelobtes, und viele springen auf diesen Zug auf. Die *öffentliche Beachtung* dieses Phänomens wird dabei immer intensiver: Im April 1998 beschäftigte sich das Wirtschaftsmagazin „WiSo" im Zweiten Deutschen Fernsehen aktuell mit den deutschen Vergnügungsparks und testete sechs deutsche Parks hinsichtlich des Preis-Leistungsverhältnisses. Kurze Zeit später wurde die spektakuläre Eröffnung des neuen Disney-Safari-Parks „Animal Kingdom" in Florida zum Thema aller Nachrichtensendungen. Wieder einige Tage später brachte die „Frankfurter Allgemeine Zeitung" eine Meldung „In Deutschland sind 252 zusätzliche Vergnügungs- und Freizeitparks in der Planung", die zu den schon vorhandenen 52 Großparks mit jeweils mehr als 100.000 Besuchern kommen würden. Allerdings wurden Warnungen nicht vergessen, denn erstens gebe es vermutlich (nur) ein an Freizeitparks interessiertes Potential von 15% der deutschen Gesamtbevölkerung und zum zweiten seien Schäden und Probleme – etwa Imageverlust – durch hastig oder hasadeurhaft im Rahmen der allgemeinen unkritischen Erlebnisweltneuphorie erstellte „Freizeitruinen" zu befürchten –, eine Befürchtung, die angesichts der Tendenz vieler Erlebnisweltenkonstrukteure, bis zu 90% von öffentlicher Förderung profitieren zu wollen, berechtigt ist.

In Österreich ist man noch vergleichsweise zurückhaltend; immerhin sind derzeit mindestens acht, teilweise große Themen-Erlebniswelten geplant. Damit könnte ein bemerkenswertes Defizit ausgeglichen werden. Denn im Gegensatz zu Deutschland, Frankreich, Italien, Spanien, Benelux, Skandinavien, Großbritannien konnten hier v.a. die Vergnügungs- und Themenparks bisher nicht Fuß fassen – abgesehen von kleineren Ausflugszielen (z.B. „Wildpark Ferleiten") und dem fälschlicherweise dazu gezählten Wiener Prater (der als ständiger Rummelplatz die meisten der Kriterien für eine Erlebniswelt verfehlt und erlebnismäßig darüberhinaus auf dem Stand der Entwicklung der USA der 40er Jahre ist).

Jedenfalls scheint derzeit zweifellos eine Erlebnisweltneuphorie, ja, sogar Erlebnismanie ausgebrochen zu sein. Wenn den Politikern und

Touristikern in vielen Regionen keine Ideen präsent sind, kommt stereotyp der Ruf nach einer Erlebniswelt. Den wenigsten ist klar, was das eigentlich bedeutet. In dieser Situation tut es not, einige grundlegende und auch kritische Informationen zusammenzustellen.

3. Zum Begriff Erlebnis/Erlebniswelt

Eine Erlebniswelt ist ein künstlich geplanter, kommerzieller Freizeit- (oder Urlaubs-)bereich, in dem geplant versucht wird, den dafür i.d.R. Eintritt zahlenden Menschen besonders viele Funktionen zu vermitteln und dabei als besondere Dienstleistung emotionale Erlebnisse für einen begrenzten Zeitraum zu verschaffen. Es geht um eine Angebotsvielfalt, es geht aber auch um Gefühle – Spaß, Freude, Glückszustände usf.

Der zentrale Begriff ist natürlich „*Erlebnis*" – gemeint ist ein Ereignis, das vom Normalen, Gewohnten mehr oder weniger stark abweicht und die Neugier, Reizsuche, Abwechslung und Spannung ebenso befriedigt wie soziale Bedürfnisse, wobei die Auswahl oder Akzeptanz eines Ereignisses vom individuellen *Lebensstil* abhängt.

Der Münchener Psychologe Reinhard Schober hat schon vor einigen Jahren als einer der ersten versucht einige Aspekte des Erlebens herauszuarbeiten. Er schlug eine Differenzierung von vier Erlebnisbereichen vor[2]: *Exploratives Erleben* (suchendes Informieren, spielerisches Probieren, Neugierigsein auf etwas Besonders) ist sicherlich typisch für alle Erlebniswelten; *soziales Erleben* (Suche nach einem nicht zu verbindlichen Kontakt zu anderen, ohne also zu starke Verpflichtungen eingehen zu müssen), dürfte gleichermaßen als typisch gelten; *biotisches Erleben* (alle Formen sonst nicht vorhandener, auch ungewöhnlicher Körperreize) sind fast immer gegeben, wie z.B. der Fahrtwind bei den „Rides"); *optimierendes Erleben* (sekundärer Erlebnisgewinn, hohe soziale Anerkennung) ist v.a. bei den etwas teueren Welten sicherlich häufig der Fall.

4. Das Spektrum der Erlebniswelten

Wovon ist nun die Rede, wenn wir in der Presse von Erlebniswelten lesen ist? Ich möchte einen Überblick geben über die wichtigsten Dinge, die aktuell dazuzurechnen sind:

H. Jürgen Kagelmann

I. Klassische oder neuere Ferien- und Vergnügungsparks

Diese „künstlichen" Vergnügungswelten sind von einem Besitzer oder einer Betreibergruppe geplant, finanziert, organisiert.

I.1 Themenparks
Prototypen der Erlebniswelten sind die Themenparks. Man kann sagen, daß die Erlebniswelten mit der Planung am kalifornischen Disneyland begannen, das 1955 eröffnet wurde und eine Welle von Themen-Freizeit-Vergnügungsparks nach sich zog.

Ein Themenpark ist eine faszinierende Marketingidee, ein populärkulturelles Prinzip, ein touristisches Erfolgsrezept. Ein Themenpark (präziser: *themenorientierter Freizeit-/Vergnügungspark*) ist eine großflächig angelegte, in sich abgeschlossene, künstlich geschaffene, primär stationäre Ansammlung verschiedenster Attraktionen, Unterhaltungs- und Spielangebote, umgeben von Geschäften, Restaurants, Hotels, Shopping-Anlagen, Musik- u.a. Bühnen, sowie geplanter Events; er ist kommerziell strukturiert; ein solcher Park ist fast immer nach bestimmten Themen gestaltet; er befindet sich fast immer am Rande großer Städte; er ist als Freilufteinrichtung entsprechend den klimatischen Gegebenheiten geöffnet; meist erhält der Besucher die Möglichkeit, für einen einzigen Eintrittspreis alle Attraktionen (Fahrgeschäfte, Shows, Paraden) zu nutzen. Wichtige Merkmale sind die folgenden:
– Themenparks kommen vom Film her, sie sind die *dreidimensionale Realisierung von Film* (-themen, -geschichten,); sie knüpfen an die emotionalen Wirkungen von Film- bzw. Medien-Geschichten an („Pinocchio", „Die Schöne und das Biest", „Aladdin", „Batman" usf.);
– Themenparks sind (medienwissenschaftlich und ökonomisch gesehen) Prototypen für *Mediensynergie*, erwirtschaften ihre Profite aus der umfassenden Realisierung von Medienverknüpfungen;
– Themenparks verkaufen ihr Angebot als *Geschichten,* sie sind immer mehrere, verschiedene erzählte Geschichten; und sie bündeln ihr Angebot in überschaubaren thematischen Rahmen; bei denen, die dieses Etikett „Themenpark" verdienen, ist das thematische Element deutlich ausgeprägt; z.B. bei den Comic-Trickfilm-Parks, den Filmstudioparks, den maritimen oder Sealife-Parks.
– Themenparks wollen Unterhaltung und Spaß bieten, sie sind nicht auf Lernen und Bildung angelegt, jedenfalls nicht primär.

Grundlegende Bemerkungen zum organisierten Vergnügen

Es gibt die Sonderform der historisch-didaktischen Parks in den USA und Australien, meist in öffentlicher Trägerschaft geführt; sie bieten eine Mischung aus Unterhaltung und Wissensvermittlung zu Themen/Monumenten nationaler Geschichte; Ziel ist die populär angelegte Aufklärung einer breiten Öffentlichkeit über meist historische Ereignisse von nationaler Bedeutung. – Interessante aktuelle Sonderfälle sind auch die Themenparks der EXPO 1998 in Lissabon zum Thema Wasser/Ozeane bzw. der geplante Park für die EXPO 2000 in Hannover zu Rahmenthemen wie Gesundheit, Verkehr/Mobilität u.a.

– Themenparks bieten für verschiedene Zielgruppen (Alter, Bildung) verschiedener Herkunft etwas (Angebotmix);
– Themenparks sind in sich, für sich abgeschlossene, *großflächige* Bereiche *(„Welten")* und, was häufig vergessen wird, Themenparks sind *touristisches Ziel* bzw. sie werden es in immer deutlicherem Maße: Über die Jahre, als Wendepunkt kann man hier die Entwicklung des weltweit größten Themenpark-Freizeit-Geländes, des „Walt Disney World Resorts" in Florida ansehen, haben sich die Themenparks von einem Ausflugsziel (für Einheimische wie touristische Gäste) zu einer originären touristischen Destination entwickelt. Ein richtiger Themenpark ist etwas, zu dem man extra hinfährt und in dessen Umkreis man kürzer oder länger bleibt: Der Begriff des „Resorts" sagt dies deutlich aus. Erfolgreich ist ein Themenpark dann, wenn die Leute dort oder in der Gegend eine Woche, zwei Wochen bleiben, was dann der Fall ist, wenn *viel* geboten wird. Themenparks sind typische Beispiele für die Idee des Kurzurlaubs geworden, was besonders für Länder wie die USA mit relativ niedrigem Urlaubsanspruch relevant ist. Die Entwicklung geht aber auch in Deutschland in diese Richtung.[3]
– Themenpark-Resorts bieten darum viele Möglichkeiten des Zeitvertreibs, sie haben multiple Funktionen: Unterhaltung, Konsum (Einkaufen-shopping), Spiel, Sport, Spaß, Essen und Trinken, Ferien usf.
– Wegen ihrer besonderen Bedeutung kann man einige Subtypen von Freizeitparks noch differenzieren:
(1) Filmstudio-Parks (weil hier die Besucher zusätzlich an Führungen und z.T. an echten Medienproduktionen teilnehmen können): „Universal Filmstudio Tour Kalifornien" (1964 gegründet, der erste Park dieser Art); „Disney-MGM-Studios Theme Park", Florida; „Bavaria Filmstudiotour", München; „Filmerlebnispark Babelsberg" u.a.m.
(2) Maritime Themenparks (Sea-life-Parks): Zooelemente, zirzensische Attraktionen von Meerestieren, technische wie z.B. Unterwasserbahnen, Showelemente wie z.B. Wasserballettvorführungen u.a.m.

H. Jürgen Kagelmann

Filmerlebnispark Disney-MGM-Studio, Orlando, Florida ©Disney

(3) Safari-Parks: Schwerpunkt auf exotische, seltene Tiere, v.a. der Savanne; Dressur- u.a. Vorführungen; der neueste, größte und perfekteste ist „Animal Kingdom" in „WaltDisneyWorld", eröffnet am 22.4.98.

(4) Die *„Brand-Parks",* die auf der Basis eines einzigen Firmenangebotes konstruiert und somit direkt als Werbeträger einzuordnen sind Parks: „Legoland" in Dänemark, das gerade am Bodensee eröffnete „Ravensburger Spieleland" des Ravensburger Buch- und Spieleverlags.

Einige Zahlen dazu: Man schätzt die Besucherzahl der deutschen Vergnügungsparks (nicht unbedingt in strengem Sinne identisch mit dem, was unter Themenparks zu verstehen ist) auf jährlich mindestens 22 Mio. lt. einer Mitteilung des Verbands Deutscher Freizeitunternehmen e.V.. Jeder Parkbesucher in Deutschland soll durchschnittlich ungefähr 50 DM pro Besuch ausgeben. Schon 10 Jahre nach seiner Eröffnung 1995 hatte „Disneyland" (Kalifornien) eine Gesamt-Besucherzahl, die einem Viertel der Gesamtbevölkerung der USA entsprach! 1996 betrug die Besucherzahl von „Disneyland" (Kalifornien) rund 11 Mio., von „Disneyland Tokyo" 17 Mio., von „Disneyland Paris" 11,7 Mio. Das größte Freizeitparkgelände der Welt, „Walt Disney World" in Florida, hatte 1995 sage und schreibe 37 Mio. Besucher aus aller Welt, 1996 über 40 Mio. – nicht zuletzt dank seiner 23 Hotels mit 24.377 Zimmern; das 30 km südwestlich von Orlando gelegene, am 1.10.1997 eröffnete Resort, 11.000 ha groß, hatte 1995 2.800 ha erschlossenes und 2.300 ha Naturgebiet. Damals waren 35.000 Beschäftigte im Einsatz. U.a. gehörten die folgenden Parks dazu: „Epcot" mit 100 ha, eröffnet am 1.10.1982; „Magic Kingdom" mit 7 Ländern auf einem 40 ha großen Gebiet; damals standen 56.000 qkm allein an Tagungsräumen zur Verfügung. „Disney World" gilt als der größte private Arbeitgeber und der größte Steuerzahler in Florida (1995 angeblich 2,5 Mrd. Dollar). „Disneyland" zieht, wie Christoph Hennig ausgerechnet hat, mehr Reisende an als Ägypten, Marokko, Tunesien und Israel zusammen. Disneys gesamte Themenparks machten 1993/94 einen Umsatz von 3,5 Mrd. Dollar und einen Gewinn von 0,6 Mrd. Dollar.

In Europa wurde „Legoland" in Billund, Dänemark, ein Gästeareal von 75.000 qm, mit Miniaturausgaben von bekannten Monumenten und Orten aus aller Welt, zusammengesetzt aus 43,5 Mio. Lego-Steinen, und einem Angebot von 22 verschiedenen Aktivitäten für die Familie, 1994 von 1,16 Mio. Gästen besucht. Der größte deutsche Park, „Europa-Park" Rust, hatte 1997 fast 3 Mio. Besucher auf seinem 62 ha großen Gebiet und erwirtschaftete mehr als 160 Mio. DM Umsatz. Selbst ein kleinerer Themenpark wie „Parque Asterix" bei Paris macht 1997 90 Mio. DM Umsatz.

– Die Investitionen für einen Themenpark sind beträchtlich; sie stellen ein hohes unternehmerisches Risiko dar.

1995 geplant, 1999 fertiggestellt sein soll der Themenpark „Islands of Adventure" der Universal Studios in Orlando, Florida, mit einem integrierten „Jurassic Park" mit Dinosauriern in Originalgröße aus dem gleichnamigen Film. Kosten 2,6 Mrd. DM; „Animal Kingdom" (s.o.) mit 1.000 frei lebenden Tieren kostete 800 Mio. Dollar. Spaniens erster Themenfreizeitpark, der zweitgrößte in Europa, „Port Aventura" umfaßt 5 Themenbereiche (eröffnet am 1.4.1995); finanziert u.a. von dem US-Bierkonzern Anheuser-Busch, kostete 580 Mio. DM bei angezielten 2,5 Mio. Besuchern pro Jahr und erhofften 140 Mio. DM Umsatz. Für das inzwischen wieder fraglich gewordene deutsche

"Legoland"-Projekt war eine Investition von 300 Mio. DM im Gespräch. Selbst ein kleinerer Park wie das gerade eröffnete deutsche „Ravensburger Spieleland" (40 Attraktionen, 23 ha, angezielte 0,3 Mio. Besucher jährlich) kostete 330 Mio DM. – *Eine neue Fahrattraktion kostet allein zwischen 10 und 20 Mio DM.*

- Themenparks sind eine internationale Angelegenheit.

Nicht die Nordamerikaner, sondern die Japaner gelten als themenpark- und erlebniswelten-verrücktestes Land. Angeblich sind dort bis zur Jahrtausendwende 50 neue elektronische Themenparks geplant. 1993 hieß es, sogar im keuschen Iran solle vor den Toren von Teheran ein riesiger Vergnügungspark nach dem Vorbild von Disneyland (einschließlich einer Moschee) im Wert von rund 300 Mio. Franken entstehen. Im Dezember 1996 berichtete die Presse, in Israel, im Heiligen Land sei für das Jahr 2000 ein 48 ha großer Bibel-Freizeitpark, ein High-Tech-Themen-Erlebnispark „Apokalypso" geplant, eine Inszenierung des Armageddon mit Hologrammen und Lasershow, und mit Attraktionen wie dem Besuch im Inneren eines Wals u.sf. (Nicht untypisch allerdings wieder die Bemerkung des verantwortlichen Direktors „Wir wollen kein Disneyland aus Armageddon machen...") – Auch Osteuropa scheint allmählich nachzuziehen: In Warschau wollte Michael Jackson angeblich einen großen Freizeitpark im Disneyland-Stil bei Kosten von 169 Mio. DM bauen lassen. Und in Moskau soll ein Märchen-Themenpark geschaffen werden.

- In Deutschland gibt es derzeit eine wahre Inflation von Themen-, Vergnügungs-, Freizeitparks oder zumindest von entsprechenden Planungen.

U.a. sind derzeit Parks in folgenden Städten geplant: Stralsund, 140 Mio. DM Investitionen; insgesamt 13 ha groß, fertig im Herbst 1999; Freizeit- und Erholungspark mit Schwimmhalle, Erlebnis-Wasserwelt, Tennishallen, Squashcourts, Kletterfelsen, mehrere Restaurants und einem Hotel; Prunkstück soll eine Wellenlagune mit Turbo- und Riesenwasserrutsche, Geysiren, Wasserfällen und Unterwasseraquarium sein, „eine Weltreise vom Ostseestrand zu den Mayaruinen und den Felsformationen Nevadas"; im Gespräch waren öffentliche Fördermittel von 61 Mio. DM. – Im Großraum Berlin sind angeblich ein halbes Dutzend Parks nach zwei schon vorhandenen (Berliner Morgenpost: „Wieviel Vergnügen verträgt die Region?") geplant. – „Karl-May-Land", 50 km westlich von Bad Muskau, rund um Hoyerswerda, soll der angeblich größte Tourismuspark Deutschlands werden bei geschätzten Kosten von 410 Mio. DM. Allerdings ist die Finanzierung, v.a. die Bereitstellung der öffentlichen Mittel, noch nicht sicher. – In Leipzig entsteht derzeit der „Krystall-Palast", eine Art Lunapark mit Kosten in Höhe von 250 Mio. DM. – Schließlich ist ein Ferien-Vergnügungsparkgebiet „Planet Harz" in der Nähe von Wernigerode geplant, mit Sport-, Kur-, Musical u.v.a. Einrichtungen.

I.2. Ferienwelten
I.2.1 Ferienparks

Eines gilt auch für Ferienparks, ja für Erlebniswelten überhaupt: Es muß sehr viel Verschiedenes geboten werden, aus dem der „multioptionale Erlebniskonsument" dann individuell auswählen kann. Prototyp der Ferienparks sind die aus den Niederlanden stammenden „Center Parcs" (bisher 13 familiengerechte Feriendörfer in Europa, darunter eines in Deutschland: Bispingen/Lüneburger Heide; ein zweites ist in Köselitz in Sachsen-Anhalt geplant), „Sun Parks" und „Gran Dorado".

Die Grundidee ist einfach und einsichtig: Ein Feriendorf mit vielen Annehmlichkeiten und einer überdachten Dorfmitte; darin eine umfangreiche, differenzierte exotische Wasserbadelandschaft mit konstant subtropischem Klima, Bade-Speise-Einkaufsparadies.

I.2.2 Ferienclubs

Sie könnte man als Sonderfall der Ferienparks ansehen: Diese historisch interessante Erfindung („Club Med") scheint allerdings in die Jahre gekommen zu sein. Die ökonomischen Ergebnisse waren früher besser als sie es gegenwärtig sind.

In Fällen nachlassender Attraktivität gibt es 'Relaunchings' und 'Redesigns', die, was immer man davon halten mag, deutlich machen, daß die Entwicklung einer Erlebniswelt keine einmalige Sache ist, sondern ein Konzept und die dazugehörende Bereitschaft impliziert, über Jahre und Jahrzehnte hinweg an der Weiterentwicklung, Perfektionierung und ständigen Renovation zu arbeiten.

> Einige Zahlen dazu: Der Marktführer „Club Med" hatte nach Verlusten von 430 Mio DM im Jahr 96/97 und damit roten Zahlen seit fünf Jahren im erten Halbjahr 98 einen Reingewinn von 132 Mio FFr erwirtschaft und plant eine große Renovierungsaktion seiner Clubs: die dafür vorgesehenen Investitionen von rund 1 Mrd. DM sollen der Verschönerung von 48 Clubdörfern und dem Schaffen eines einheitlichen Standards bis zum Jahr 2002 dienen; die Kinderfreundlichkeit soll durch den Einsatz von Animateuren erhöht werden, z.T. drastische Preissenkungen sollen neue Kundengruppen anlocken. (Eine neue Urlaubsidee in diesem Zusammenhang war auch der erste schwimmende Ferienclub, das Kreuzfahrtschriff „Club Med 1".)

I.2.3 Erlebnishotels/Hotellerie

Hier ist an die sog. *Wellness-Oasen* zu denken, die ein umfangreiches Erholungs- und Erlebnisangebot kommunizieren, wie z.B. das „RR (Rudolf Ramsteiner) Binshof Resorts", den Gewinner des internationalen Preis der Wellness-Branche, „Spa-Award 1997": eine Wellness-Hotel-und Gourmetlandschaft der Superlative, das einzige 5-Sterne-Hotel in Rheinland-Pfalz in der Nähe von Speyer, mit regional differenzierter Gastronomie und „Therme total" (Thermalschwimmbar mit Schweben wie im Toten Meer, Waterkant-Feeling, Aerosol-Effekt, 18 verschiedene Bade- und Saunenformen, Beautyprogramm usf.).

I.2.4 „Neue" Städte

Eine andere Gruppe, die hier nur kurz gestreift werden kann, sind die künstlichen, d.h. von Konzernen am Reißbrett entworfenen, neugegründeten Städte, wie das von der Disney Co. geschaffene „Celebration" in der Nähe von Orlando/Florida, eine komplette Kleinstadt für 15-20.000 Einwohner („..Traum der verunsicherten Mittelschicht", so die Wirtschaftswoche) einschl. Schulen, Geschäftszentrum, Büropark, Gesundheitscampus und Glasfaser-Breitband-Datennetz, mit Kosten von mindestens 100 Mio Dollar.

II. *Shopping-Zentren*

Die nächste Gruppe der Erlebniswelten sind die konsumzentrierten, Multi-Betreiber-Shopping-Zentren. Dazu gehören die Riesen-Einkaufszentren, die Shopping Malls in Nordamerika, die mittlerweile Pendants in Deutschland/Österreich haben (CentrO in Oberhausen; SCS-Shopping Center Süd in Wien); sie haben neben dem Einkaufen weitere Funktionen (Sport-, Kulturangebote, bis hin zu inkorporierten Themenparks) und sind – es gibt Packages dorthin – zunehmend Ziel von touristischen Reiseangeboten. *„Enkaufszentren (..) sind für die Amerikaner Erlebnisparks"*, titelte die Süddeutsche Zeitung schon 1992.

Einige Zahlen zu diesem Komplex: Die „Houston Galleria" umfaßt drei große Kaufhäuser, über 200 Shops, vier Bürotürme, zwei Hotels, mehrere Restaurants und Kneipen, Kinos, Nachtclubs, ein Healthclub, Parkfläche für 10.000 Autos. – Als „Mutter aller Einkaufszentren" gilt „The Mall of America" in Bloomingtom/Minnesota, eröffnet am 11. 8. 1992, das schon im ersten Jahr über 37 Mio. Besucher zählen konnte, die in seinen über 400 Geschäften und 30 Restaurants, inklusive Freizeitparks und Lego-Phantasieland, ihr Geld ausgaben. Deutlich werden hier die Anleihen bei der von Disney erfundenen „Entertainment Architektur". – Für die im August 1991 im kanadischen Alberta eröffnete West Edmonton Mall, bescheidenerweise als „Achtes Weltwunder" angeboten, und mit künstlichen Bächen, Wäldchen und auch einem Freizeitpark umgeben, wurden auch spezielle touristische Angebote entwickelt, man bemühte sich um finanzkräftige Besucher aus Japan und Europa, die am „Global shopping" Freude finden. Offensichtlich mit Erfolg, man spricht von (1994) 40 Mio. Besuchern pro Jahr.

In Deutschland bietet das „CentrO", 1996 in Oberhausen eröffnet, über 200 Geschäfte, 3 Kaufhäuser, 60 (US-amerikanische, argentinische, bayerisch., chinesische, deutsche, französische, griechische, indonesische, irische, italienische, japanische, holländische, schweizerische, spanische, türkische) Restaurants, 8 Parkhäuser mit 10.500 Stellplätzen, 9 Kinosäle mit 2.700 Sesseln, eine Mehrzweck-Arena mit 11.500 Plätzen; der Jahresumsatz der täglich (durchschnittlich) von 70.000 Menschen besuchten Erlebniswelt wird auf mehr als 1 Mrd. DM geschätzt. In Planung sind ähnliche Zentren z.B. in Duisburg (Umbau eines ehemaligen Güterbahnhofs von 20 ha, Investitionssumme von 2 Mio. DM, Eröffnung voraussichtlich in 2000); ein Großprojekt in der süddeutschen Provinz, bei Jettingen-Scheppach im Landkreis Günzburg (direkt an der Autobahn München-Stuttgart, zwischen 100 und 200 Mio. DM mit Großkino, Spaßbad, Kindermuseum, Einkaufsmarkt, Tagungszentrum, Multiplex-Kino, Fitneß- und Gesundheitspark, Konferenzhotel auf 10.000 qkm) oder in Dortmund (der Hauptbahnhof soll im Jahr 2002 ein „Multi-Themen-Center" werden, das 800 Mio. teure Projekt hat die Form einer fliegenden Untertasse). [s. a. den Beitrag von Drost in diesem Band]

Weiter könnte man zu dieser Gruppe auch die derzeit sehr in Mode kommenden, allerdings sehr kontrovers diskutierten, *Factory Outlet Centers* dazu rechnen, ein Konzept aus den USA, bei dem Hersteller oder Franchisenehmer von Markenware Läden einer meist riesigen Spezialimmobilie mieten, um auslaufende Ware zu günstigen Preisen anzubieten. Derzeit in Deutschland geplant ist u.a. ein Center vor den Toren von Nürnberg, wo 40 Firmen auf 20.000 qm bei einem Aufwand von 350 Mio. DM unterkommen sollen und auch ein Erlebnispark vorgesehen ist, was alles bis zu 1000 Arbeitsplätze bringen soll; ferner ein 200 Mio. DM-Projekt in Kempten. Die Grenze von diesen Konsumerlebniswelten, die bei den Verbrauchern sehr attraktiv sind, zu den UECs ist fließend.

III. Urban Entertainment Centers und maritime Freizeitgelände

Innerstädtische Erlebniszentren (Urban Entertainment Centers) sind ab Mitte der 90er Jahre verstärkt in der Diskussion, besonders im Hinblick auf die Zielgruppe der Tagestouristen. Bei diesem aus dem USA übernommenen Konzept handelt es sich sowohl um touristische Attraktionen, als auch um Stadtentwicklung und um die Verbesserung der Lebensqualität und der urbanen Attraktivität für die Bewohner. Um ein Mehrzweck-Veranstaltungszentrum, z.B. eine „Arena", oder speziell ein Musical-Theater können verschiedenste Einzelhandelsläden (Buch, Schallplatten, Computer, Kleidung) plaziert werden. Das bekannteste Beispiel in Deutschland ist das Erlebniscentrum „Stuttgart International SI"; hier gibt es um zwei Musicaltheater (sie spielen „Miß Saigon" und „Die Schöne und das Biest") Hotels, Restaurants, Shopping Malls, Fitneß- und Saunabereiche, ein Spielkasino. – Geplant sind derzeit in Deutschland 40 weitere dieser „Mischungen aus Amüsement und Kommerz" [3a], wie z.B. der Krystall-Palast in Dresden, in Frankfurt/M. und anderswo.

Der Sonderfall der *maritimen* UECs knüpft an die traditionelle Erlebniswelt „Hafen" an. Bekannte Beispiele sind:
Das „Maremagnum Barcelona": 1996 wurde die Umwandlung des alten Hafens in einen maritimen Themenpark abgeschlossen. Boutiquen, Bars, Restaurants, Freizeitparcours, Kino, ein 80 m langer Glastunnel durch ein 4,5 Mio.-Liter Wasserbassin mit exotischen Tieren und Pflanzen („Oceanari"); ein Imax mit 3-D Kino; völlig renovierte Lagerhalle Palau del Mar mit Arkaden und Fischrestaurants; ein neues Museum der katalonischen Geschichte mit einer erlebnisbetonten „Reise durch die Vergangenheit" (der Besucher kann z.B. den Dolch berühren, mit dem der heilige Georg das Land vom gefährlichen Drachen befreit hat"); ein zweites Museum zur Meeresthematik.

> Ein „großes Erlebnis des Meeres" sah hier die Süddeutsche Zeitung. „Man begibt sich an Bord des Luxusdampfers Reina Victoria Eugenia und sieht in der Kabine den rauchenden Kartenspielern zu. Dann nimmt man selber das Ruder der Galeere Don Joan de Austrias in die Hand, arbeitet gegen die simulierte Kraft des Meeres, gerät in ein Unwetter auf hoher See und landet schließlich auf dem 40 m tiefen Meeresgrund, um dort nach Schiffswracks und den Resten menschlicher Zivilisation zu suchen. – In Port Vell wird das Meer wie ein Themenpark inszeniert. – Kultur, Konsum und Meer gehen eine ideale Verbindung ein. Ganz, wie es den Bedürfnissen der neuen Freizeitgesellschaft entspricht." (Süddeutsche Zeitung)

Das Projekt „Ocean Park" in Bremerhaven, dessen Realisierung derzeit fraglich ist, umfaßt den völligen Umbau eines 60 ha großen alten Hafengeländes.

> Hier soll die Öffentliche Hand den größten Teil des Risikos (400 Mio. öffentliche Gelder bei rd. 1 Mrd. DM Gesamtkosten) tragen. Die Fertigstellung ist für 2000 geplant, kalkuliert sind jährlich 3 Mio. Besucher, man verspricht sich neue 1.000 Arbeitsplätzen plus 2.000 indirekten Jobs. Der Ocean Park wurde als „letzte Chance" für die krisengeschüttelte Stadt (Vulkan-Werft-Pleite, über 20% Arbeitslosenquote) apostrophiert; seine Betreiber sprechen von „freizeitorientierter Innenstadt-Gestaltung": angeboten werden sollen u.a. gläserne Tunnel durch riesige Aquarien, dreidimensional simulierte Zukunftswelten, Bummeln durch ein neu erstandenes altertümliches Hafendorf; zwei neue Hotels, eine Tropicum-Spaßbadelandschaft, Großkino, Diskotheken, Bowling-Bahnen u.v.a.m., unter Einbezug schon existierender Attraktionen wie Zoo am Meer, Schiffahrtsmuseum.

Deutlich wird bei dem maritimen UECs die alles durchziehende thematische Orientierung (Wasser, Hafen, Ozean) und ein multifunktionales Konzept.

IV. Sport (-Erlebnis-Abenteuer)-Welten

Sportliche Betätigung, die „Spaß macht", ist ein ganz wesentliches Ingredienz der Freizeitszene der letzten Jahre. Bestimmte Sportarten machen mehr Fun als andere. Um sie zu erleben, sind Menschen bereit, längere und anstrengende Reisen auf sich zu nehmen (Canyoning in spanischen Gebirgsflüssen, Rafting in Australien usf.). Falls dies nicht möglich, befriedigen sie diese Bedürfnissen in künstlich hergerichteten Sportwelten nach.

IV.1 Ski-Schnee-Welten

Interessante Beispiele gibt es vor allem für den Ski-Bereich, wie das Skizentrum „Tsudanuma" bei Tokio oder die „Snow World" in Holland:

> „Wir haben in Holland das Problem, daß es keine Berge, aber 1,2 Mio. Skifahrer gibt" – so Koos Hendriks, Gründer von Snow World in Zoetermeer nahe Den Haag, das für 25 Mio. DM errichtet wurde und für seine 16.500 qm große Halle pro Jahr 350-400.000 Besucher anzuziehen hofft. Es wird hier richtiger Pulverschnee unter Verwendung eines Stickstoffgemischs erzeugt, so daß permanent eine Temperatur von 5 Minusgraden herrschen muß. Der Eintritt kostet 20 Mark für eine Stunde, zwei Tellerlifte, 200 m lange und 30 m breite Pisten, Skischüler, Snowboarder, Könner, „Anfängerwiese", Buckelpiste, und eine „Tiroler Bierstube", wo ein gehörntes Gebirgstier grüßt" Der Reiseredakteur der Süddeutschen Zeitung meint dazu trocken: „Nur unwesentlich unterscheidet sich der wintersportliche Betrieb von 8 Uhr früh bis 24 Uhr von einem Skizirkus in freier Natur (der so frei und natürlich auch nicht mehr ist)." (Süddeutsche Zeitung 9.10.97))

Weitere Skiwelten sollen in Amsterdam und Maastricht entstehen. Auch hier gibt es um den Kern, die Sportausübung, was immer man davon halten mag, ein Ensemble von Gastronomie, Kurzweil, Konsum, evtl. Kultur, usf. Daß es diese künstlichen Sport-Ski-Schneelandschaften in immer stärkerer Zahl und immer grandioserer Anlage gibt, bedeutet zweierlei: Beruhigend sozusagen, daß diese Freizeitbetätigung immer noch ankommt; weniger beruhigend, daß damit auch Erlebnis- und Unterhaltungsstandards gesetzt werden, mit denen man konkurrieren muß. Höchst beunruhigend für die klassischen Wintersportdestinationen, daß die neuen „Künstlichkeiten" versuchen, besser zu sein, mehr anzubieten als in den traditionellen Gebieten!

IV.2 Badelandschaften (Spaßbäder)
Die verschiedenen Formen von Spaßbädern/Aquaparks sind ein sehr bekannter Versuch, Erlebniswelten zu generieren. Sie sind auch deshalb interessant, weil sie die Grenzen der Entwicklung aufzeigen: Sie machen deutlich, daß es keineswegs immer und überall sinnvoll ist, Spaßbäder-Welten zu bauen. Zu viele Pleiten gibt es mittlerweile, meist von naiven Kommunalpolitikern in völliger Verkennung der infrastrukturellen Möglichkeiten, Nachfragekonstanz, Konkurrenzsituation usf. geplant, mutig und schuldenfroh gebaute Ruinen der touristischen Postmoderne. Aber es gibt auch funktionierende und florierende Musterbeispiele von *themenorientierten* Spaßbadelandschaften wie: „Blizzard Beach" und „Typhoon Lagoon" (alle 5 Minuten eine Riesenwelle) im Disney-World-Gelände bei Orlando, Florida, oder „Wet n' Wild" ganz in der Nähe davon. – Die Erlebnislandschaft „Seagaia Ocean Dome" in Japan läßt sich schon gar nicht mehr nur einer der Kategorien Spaßbad, Sportwelt, touristischer Destination oder einer Kombination aus allem zuordnen: Hier befindet sich unter einer riesigen Kuppel der größte künstliche Strand der Welt. Vogelgezwitscher ertönt aus Lautsprechern, und alle 15 Minuten belebt ein Vulkanausbruch das fiktive Strandleben.

V. *„Runderneuerte" Erlebniswelten*

Kommen wir nun zu Erlebnisangeboten, die es im Prinzip schon länger gibt, aber durch neue v.a. technische Entwicklungen an Anziehungskraft gewonnen haben.

V.1 Film und Kino
sind ein traditionelles, seit Jahrzehnten beliebtes Medium, das durch die Einführung neuer Techniken und Technologien an Attraktionen gewonnen hat, durch neue Vorführungsweisen, die viele Sinne fordern: *Multiplex*-Kinos („die Renner", SZ) haben 7 Säle oder mehr, bieten bis zu 3000 Zuschauern Platz, haben riesige Leinwände, bequeme Sessel, neueste Tontechnik, und ein auf Kinothemen abgestimmtes Restaurant-/Barangebot; *3-D-Filmtheater* bieten ungewohnte dreidimensionale Erlebnisse; *Imax*-Kinos zeigen Filme, die dreimal größer als konventioneller 70 mm Kinofilm sind, auf einer Leinwand von 600 qm (in Deutschland u.a. in München, Speyer); *Omnimax-Kinos* projizieren als Steigerung von IMAX und gleichfalls von der kanadischen IMAX-Corp entwickelt;

Filme auf eine riesige Kuppel, einen „Dome" von 900 qm (z.B. in Paris („Le Geode"), Stockholm, Kopenhagen, Den Haag); *Panorama- (oder CircleVision-) Kinos* bieten miteiner Superfischaugen-Linse aufgenommenes Material in 360°-Rundumprojektion (u.a. in Berlin); Filmfeste; Kino Open-Air u.a.m.

Ein „altes" Medium erscheint hier in raffinierter, neuer, erlebnisorientierter Verpackung/Neugestaltung! Es gibt diese Erlebniswelten für sich, als Kino oder Kinozentrum, und es gibt sie auch als Bestandteil von Freizeitparks und anderen Erlebniswelten (z.B. 360°-Circlerama-Vision in Disneyland Paris) oder sogar verdichtet in speziellen Medien-Themenparks („Futuroscope" bei Poitiers, Frankreich).

Derzeit sind vielerorts Kinowelten in Planung bzw. Fertigstellung, im April 1998 z.B. das Multiplex-Kino („Kristall"-Ufa Palast) in Dresden eröffnet, mit 8 Kinosälen für 2.605 Zuschauer, als zweigrößter Kinokomplex nach Essen, für eine Bausumme von 50 Mio. DM. Die Angelegenheit ist ökonomisch so interessant, daß die Hamburger Cinemaxx AG (Betreiber von Multiplex-Kinos) im Juli 1998 an die Börse ging.

Omnimax im Park Futuroscope, Poitiers © M. Viemenet

V.2 Erlebnisgastronomie

Die bekanntesten Beispiele für diesen aktuellen Trend sind „Hard Rock Cafe" und „Planet Hollywood".

Die *Hard Rock Café*-Kette, 1971 nach dem Konzept „Popmusik & Burger" in London gegründet, ist mittlerweile Bestandteil des englischen Unterhaltungskonzerns Rank Xerox. Derzeit existieren 58 solcher Cafés bzw. Restaurants. Ihre Hauptattraktion sind wertvolle Sammelstücke der Pop-und Rock-Musikgeschichte. Der Umsatz betrug 1996 375 Mio. Dollar, wobei 50% der Gewinne aus Merchandising realisiert wurden. Aktuell ist interessant, daß dieses Konzept in eine andere Erlebniswelt integriert werden kann, z.B. als Hard Rock Café im Universal Filmstudio Orlando 1998.

Thema der *Planet Hollywood-(International-)Kette* („Movie Themed Dining Experience"), finanziert von den Filmstars Sylvester Stallone, Bruce Willis, Demi Moore und Arnold Schwarzenegger, die allein Nordamerika mittlerweile 33 Niederlassungen hat, ist die historische und aktuelle Faszination am Kinofilm.

In einer Selbstdarstellung heißt es: „What is Planet Hollywood? - The world's most exciting themed dining experience with out-of-this-world entertainment, fantastic food and amazing merchandise! We're like a movie and television museum, movie theater, California Cafe and Beverly Hills boutique – all rolled into one!" Und: „Inspired by film and television. Designed to capture the excitement and glamour of Hollywood. Fille with rare movie memorabilia.(...) For an out of this world experience, there's no place like The Planet".

Das Gemeinsame dabei – ob Musik- und Film-Exponate oder Kino-Thematik allgemein – ist die emotionale Nähe und eine spezielle Form von „Star"-Authentizität: Unikate werden als das „Besondere" in den Mittelpunkt gestellt und sorgen für ein neuartiges, „authentisches" Erlebnis.

V.3 Expositionen

Viel Zulauf haben in der letzten Zeit erlebnismäßig zentrierte Museen gefunden und v.a. Ausstellungen „neuer Art", die sehr viel Wert auf Anfassen und Ausprobieren, auf Interaktivität, auf das Erzählen von Geschichten legen und/oder den Einbezug von Multimedia zelebrieren. Hinzu kommen erlebnisreiche Sonderausstellungen wie z.B. die Ausstellung „Körperwelten" mit plastinierten Leichnamen in Mannheim, die in sechs Monaten mehr als 750.000 Besucher zählte und in Tokyo und Osaka riesige Besucherscharen anzog. (Ungewöhnlich für diese Ausstellung, veranstaltet von einem privaten „Institut für Plastination", war, daß hier die Besucher bis zu vier Stunden in langen Schlangen anstanden.)

V.4 Weltausstellungen

Sie sind in diesem Kontext nicht zu vergessen; sie waren schon um die Jahrhundertwende ein Erlebnis. Das Konzept, das sich den letzten Jahrzehnten überlebt hatte, wird jetzt aber durch die Austellungen in Lissabon 1998 und Hannover 2000 revitalisiert.

V.5 Messen

Ein neuer Trend ist auch die immer stärkere Erlebnisorientierung von Messen, weg vom traditionellen Fachbesuchermeeting: „Die Messe mutiert zum Erlebnispark" schrieb eine Zeitung über die Frankfurter Messe „Wonderworld" und ihr Motto „Neun Tage Spannung, Action, Fun"

> „Junge, aktive, dynamische und möglichst einkommensstarke Leute sollen ihren Eintrittspreis entrichten, auf das Messegelände strömen und dort ein Fest nach dem anderen feiern. Für die Veranstaltung konnte die Frankfurter Messe immerhin 57 Partnerfirmen gewinnen, die auf über 200.000 qm Fläche ihre Marken präsentieren und kostenlos Erlebnisse ermögliche. (..) Den Besuchern wird (..) ein gigantisches Programm geboten. Die Palette reicht vom Motodrom mit Europas größter mobiler Cart-Bahn über eine Musik-Live-Bühne des TV-Senders Viva und einen Surf-Pool samt Strand-Atmosphäre bis hin zur Danger Zone, wo Mutige den sog. Suicidus interruptus, das Bungee-Springen, praktizieren können.." (Süddeutsche Zeitung 3.7.98)

V.6 Zoologische Gärten

Sie stellen (noch) nicht die Spitze der Erlebnisorientierung dar; es gibt aber Beispiele dafür, daß sich die lange als didaktisch eher trocken geltenden Aufbewahrungsstättern für lebende Tiere umdenken, und sei es auch nur, daß man verstärkt Merchandisingware anbietet, Sonderschauen organisiert usf. Dabei sind die Zuschauerzahlen nach wie vor beträchtlich. Das Osaka Aquarium etwa zieht jährlich 3 Mio. Besucher an, Underwater World in Singapur über 2 Mio.

V.7 Sportarenen/Veranstaltungszentren

Primär für sportliche Riesenveranstaltungen, „Mega-Events" bestimmte Stadien werden zu Mehrzweck-Arenen, können also für Musikereignisse u.a. genutzt werden, wie z.B. das neue Fußballstadion in Paris-St.Denis, das zur Weltmeisterschaft '98 errichtet worden ist. Das derzeit größte im Bau befindliche Veranstaltungszentrum ist der für den 31.12.1999 zu eröffnende „Milennium Dome" in London, 80.000 qm groß, 50 m hoch, 320 m im Durchmesser, in futuristischer Bauweise, bei Kosten von mehr als 2 Mrd. DM, das jährlich mindestens 12 Mio. Menschen anlocken soll.

VI. Großmusicals/Konzert-Eventreisen

Ein Sonderfall neu konfektionierter Erlebnisunterhaltung sind die Musicals, und zwar deswegen, weil hier die Entwicklung vom singulären abendlichen Theaterbesuch (früher) zu einer kleinen Reise quasi im Erlebnispaket (heute) deutlich wird (– Indiz dafür ist auch die Existenz des ersten Spezialreiseführer „Die tollsten Musicals in Deutschland"). Die Entwicklung des modernen Musicals (und des darauf aufbauenden Tourismus) wäre nicht denkbar ohne den Einfluß des englischen Komponisten Andrew Lloyd Webber, Komponist von Stücken wie „Starlight Express", „Cats", Das Phantom der Oper", „Sunset Boulevard", „Joseph and the Amazing Technicolor Dreamcoat", „Evita" u.a.

Mehr als die Hälfte aller Musical-Fans nimmt dabei Entfernungen von über 200 km in Kauf. Der Hauptanbieter Stella hatte Ende 1997 sieben Großmusicals wie „Cats", „Die Schöne und das Biest", „Miß Saigon" im Programm und sieht Musicals immer noch als Trendmarkt der Zukunft. Deshalb gründete er Ende 1997 in Hamburg zur Nachschubsicherung eine eigene Musical-Schule („Stella R1 Academy" für 1,5 Mio. DM geschätzten jährlichen Betriebskosten); deshalb sollen bis zur Jahrtausendwende zwei weitere Großtheater in Berlin und Frankfurt gebaut werden. (Die musikalische und sonstige Qualität steht dabei nicht zur Debatte; über das letzte, von Stella in Zusammenarbeit mit Disney vorgeführte Musical „Die Schöne und das Biest" befand die Süddeutsche Zeitung am 8.12.97, es handele sich um *„Musical-Tinnef unter Ohrwurmbefall, garantiert jugendfrei und erlebnisorientiert privatwirtschaftlich, (.. ein) Monsterritt mit Zucker und Blitz nach Maultaschenwalhall"*). Die neuen Produktionen machen dabei deutlich, daß verschiedene Zielgruppen erreicht werden sollen: „Tabaluga und Lili" von Peter Maffay (1998 in Oberhausen) für Kinder und Familien; „König Ludwig II" (1999 bei Füssen) besonders für ausländische Touristen u.s.f.

„Leichte" Unterhaltungskost in Form von Musicals sind aber nicht die einzigen musikalischen Events, derentwegen gereist wird: Open-Air-Konzerte, das Schleswig-Holstein-Musikfestival oder die Tournee der Drei Tenöre sind einige von weiteren musikalischen Großveranstaltungen.

VII. „Brand"-Erlebniswelten

Multinationale Konzerne leisten sich aus Imagegründen und durchaus auch aus finanziellen Erwägungen heraus die Planung von ganz speziellen neuen Erlebniswelten. Ein Beispiel dafür ist die in der Planung schon vorangeschrittene Autostadt Volkswagen in Wolfsburg. Sie soll jährlich rund 1,5 Mio. Besucher anlocken und

> „ein Zentrum für die ganze Familie mit einer völlig neuen Mischung aus 'Unterhaltung, Information und Produktberatung' bieten. Volkswagen stellte dafür 25 ha am Rande des Werksgeländes zur Verfügung. In multimedialen Shows werden dem Besucher Konzernmarken und neue Automobilmodelle präsentiert. Aber auch eine traditionelle Werksbesichtigung und ein Besuch des Automobilmuseums sind möglich, ebenso wie ein kurzweiliger Zeitvertreib in Cafés, Restaurants und Souvenirläden. Ein Hotel von Ritz-Carlton lädt zum längeren Aufenthalt ein." (Süddeutsche Zeitung, 13.3.98)

Diese Aufstellung von Erlebniswelten ist keineswegs erschöpfend und auch nicht aktuell, denn es gibt derzeit jede Woche eine Neuigkeit. Sie macht aber deutlich, daß es sich nicht nur eine kurzfristige Mode ist. Weitreichendere Hintergründe müssen für diesen Boom der Erlebniskultur verantwortlich sein.

5. Zentrale Charakteristika von Erlebniswelten und ihre psychologische Wirkung

Was ist das Spezifische und Neue der Erlebniswelten und weshalb ziehen diese Charakteristika soviele Menschen an? Welche Implikationen ergeben sich für die Entwicklung einer schon vorhandenen touristischen Destination, die nach neuen Wegen sucht, Besucher anzulocken?

Eine wichtige Voraussetzung sind zunächst einmal finanzielle Mittel: Diese Erlebniswelten/Ferienzentren der sog. zweiten Generation sind praktisch kleine Städte und fordern dementsprechend hohe Kosten in ihrer Bereitstellung (Erstinvestitionen, laufende Kosten, Novitäten usf., s.o.). Bescheidene Lösungen für kleinere Betreiber sind faktisch nicht erfolgreich. Dies gewinnt besonders an Bedeutung, wenn man an eines der wichtigsten Prinzipien von Erlebniswelten denkt, das mit der Person des Themenpark-Erfinders Walt Disney verbunden ist: Die *Perfektion* des Gebotenen, die zu einem guten Teil die Faszination dieser Erlebniswelten ausmacht. Die Investitionen können zunehmend nicht mehr von einzelnen Betreibern erbracht werden. Sponsortätigkeiten und Joint Ventures spielen eine immer wichtigere Rolle.

Skizze des in „Universal City Florida" geplanten Unterhaltungserlebniskomplexes „E-Zone" © Universal

5.1. Basismerkmale von Erlebniswelten

Was haben also die oben beschriebenen Dinge trotz aller Unterschiedlichkeiten gemeinsam (und *was* haben *sie*, was „normale", traditionelle Destinationen o.ä. nicht bieten)?

I. Kontrastwelt- und Paradies-Charakter
Eine Erlebniswelt muß eine „andere" Welt sein.

> Walt Disney formulierte einmal: „In meinem Park sollen die Leute nicht ihre Alltagswelt wiedererkennen, sie sollen vielmehr das Gefühl haben, daß sie sich in einer ganz anderen Welt bewegen können".Ein anderes Zitat von Disney lautete bezeichnenderweise: „I don't want the public to see the world they live in while they're in the Park. I want them to feel they're in another world."[3b]

Parks, Großkaufhäuser, Ferienparks, Musicalbesuche, Ferienclubs – all diese Erlebniswelten sind „bessere" Welten, in die der frustrierte, gesättigte, gelangweilte Mensch für einen bestimmten Zeitraum (gegen Zahlung einer bestimmten Summe) „eintauchen" darf. Ihr besonderer Reiz liegt darin, daß sie eine Alternative, einen Kontrast zum Alltag bieten. Eine andere Welt, die die Möglichkeit der „Auszeit" bietet. Und diese Welt ist eine glückliche Welt: Sämtliche alltäglichen Sorgen werden hier ausgegrenzt; freundliche Angestellte erfüllen einem fast jeden Wunsch. Diese Erlebniswelten bieten ein „Quasi-Paradies".

Wie wird das erreicht? Folgende Maßnahmen bedeuten eine Annäherung an die Verwirklichung dieses Konzeptes:
– eine *hohe Dienstleistungsqualität* (alle Wünsche werden den zahlenden Besuchern von den Augen abgelesen)
– Erlebnis*ketten*
– eine auf *archetypische* Bedürfnisse abhebende Werbung
– eine entsprechend *assoziative* Wortwahl („Magisches Königreich", „Magic Kingdom")
– eine besondere, ausgeprägt *thematische Orientierung*, die phantastische, mystische, magische, märchenhafte Elemente betont
– und, nicht zuletzt, durch *architektonische Mittel*: Der Raum der verdichteten Erlebnisse muß – ebenso logisch wie symbolisch – abgeschlossen sein. Im Fall der Themenparks wird dies z.B. realisiert durch Rundum-Erdwälle, Eintrittstore, die die sichtbare Abgrenzung der Normal- von der Erlebniswelt realisieren, eine das Gelände um-

laufende Bahn, eine sternförmige Plaza, explizit bunte Gestaltung, weiche Formen, freundliches Grün, Arkaden, Grotten und Höhlen.[4]

II. Erlebniskette

Eine Erlebniswelt muß eine quasi unendliche Kette von emotionalen Erlebnissen „am Stück" leisten. Wer eine Erlebniswelt besucht, will einen ganzen Tag lang oder länger, manche sogar ein, zwei, drei Wochen lang *nichts als Spaß,* Vergnügen und Unbeschwertheit erleben, Alltagsfrustrationen und Stress vergessen, kalkulierte Angst und wohltuenden Schwindel erleben, neue Erfahrungen machen, gute alte Bekannte wiedertreffen, und ja, sich in gewisser Hinsicht auf das Niveau von Kindern zurückfallen lassen und verborgene Gefühle und Eindrücke wiederbeleben (z.B. durch die Begegnung von positiv erlebten Trickfilm- oder Filmfiguren *in personam),* neue Geschmäcke fühlen usf.; alle Sinne beanspruchen lassen. Und wenn es solchermaßen „wirkungsvolle" Erlebnisse gegeben hat, wenn bleibende Eindrücke geblieben sind, kommen die Menschen wieder. In diesem Zusammenhang sind mindestens vier psychologisch relevante Dinge besonders zu beachten:

(a) Lachen, Spaß haben

(b) Nervenkitzel, Kick, Thrill
Viele Menschen wollen Abwechslung von der Routine und vom Alltag. Um die „Sättigung" zu überwinden, werden sie zu aktiven „Reizsuchern". Man treibt Abenteuersport oder man fährt in Urlaub oder man geht – auch – in die Erlebniswelten, um einen *Nervenkitzel* zu bekommen, der auf ganz unterschiedlichem Level liegen kann: Zum einen seien hier einzigartige, aus dem Rahmen des Gewöhnlichen herausfallende „Fahr-Ereignisse"genannt – etwa der Nervenkitzel von „Dragon King", der größten und wildesten Achterbahn in Europa in Port Aventura mit 8 Loopings oder der deutschen „Euro Mir" in Rust[3] – mit all ihren psychophysiologischen Begleiterscheinungen und vor allem dem Genießen des Erfolgs, es überstanden zu haben.

> „...gespannt nimmt der Besucher in der kleinen Gondel Platz. Die Haltebügel werden verriegelt, und ganz langsam setzt sich die kleine Fahrzeugkette in Bewegung. Es geht hoch hinaus, auf eine fast 30 m hohe Plattform. Oben angekommen gibt es kein entrinnen mehr. in einem Winkel von mehr als 30 Grad stürzen die Gondeln in die Tiefe, beschleunigen auf rd. 80 Std.km. Vom Tal aus geht es sofort wieder steil in die Höhe, die Gondel legt sich dabei gleichzeitig in die Kurve, und danach folgt immer wieder das gleiche Spiel, im Höllentempo abwärts und aufwärts, nach recht und nach links. 67 Grad beträgt die größte Querneigung der Gondeln. Wer drinsitzt, muß das Vierfache

der Erdanziehung verkraften können – nicht unbedingt etwas für empfindliche Mägen. Fast vollends verliert der gebeutelte Fahrgast die Orientierung, wenn sich die Gondeln auch noch um ihre eigene Achse drehen. Endlich, man glaubt, eine Ewigkeit sei vergangen, kommt das Fahrzeug wieder zum Stehen; die Fahrt hat exakt sechs Minuten und 47 Sek. gedauert. 'Euro-Mir', 20 Mio. Mark teuer, ist eine stationäre Achterbahn, wie sie die Welt bisher nicht gekannt hat..." (Zug 3/98)

Achterbahn „Euro Mir", © Europa-Park, Rust

Achterbahnen stellen die Hauptattraktionen von Parks und Erlebniswelten dar. Dieser Nervenkitzel beruht aber auf technisch perfekten Kalkulationen, das tatsächliche Risiko für Leib und Leben ist äußerst gering.

Zum anderen kann es sich bei den Erlebnissen aber auch um kleinere „Rides" handeln, z.B. um eine Fahrt durch ein Geister- oder Gespensterhaus handeln (für kleinere Kinder eine typische Mischung aus Angst-

und Lust) oder um das ungewöhnliche Erlebnis, mit Comic- und Zeichentrick-„freunden", den sog. *Characters,* wie dem „Glöckner von Notre Dame" gemeinsam zu frühstücken. Auch ein 20-minütiges Feuerwerk um Mitternacht, eine durch pyrotechnische Effekte bestechende Stunt-Show um ein populäres Spielfilmthema mit Selbstbeteiligung der Zuschauer in einem Filmerlebnispark gehören in diese Kategorie.

(c) Erlebnisfluß, Flow
Das von dem Amerikaner Mihaly Czikszentmihalyi zwischen 1975 und 1985 beschriebene Phänomen des „Flows" ist zwar eine der interessantesten Motivationstheorien, merkwürdigerweise fand sie im Tourismus jedoch längst nicht die ihr gebührende Beachtung, geschweige denn Anwendung. Sie besagt, vereinfacht formuliert, daß der Mensch außerordentlich intensive Zufriedenheits- oder Glücksgefühle entwickelt, wenn er seine Handlungen so planen kann, daß sie in einem schmalen Sektor zwischen Langeweile und Frustration bzw. Stress „laufen" eine optimale Aktivierung gewährleisten oder wenn er eine sich selbst gestellte Aufgabe, die nicht unter und nicht über seinem Leistungslevel liegt, befriedigend löst. Dies kann sowohl während der Arbeitstätigkeit als auch im Freizeitbereich – denkt man an sportliche Aktivitäten oder Spiele – erreicht werden.

Bezüglich der Erlebniswelten kann hier z.B. die Teilnahme an „gefährlichen" Fahrgeschäften o.dgl. in Frage kommen, aber auch Shoppingerlebnisse und sportliche Betätigungen u.a.m.

Vermutlich kommt dieser psychologische Flow, das Gefühl, alles verlaufe hundertprozentig wohltuend „im Fluß", auch durch die oft perfekt organisierten Erlebnisketten zustande, eine dichte Aneinanderreihung von mehr oder weniger aufregenden Ereignissen – beispielsweise 8-14 Stunden Freizeitparkbesuch in Paris Disneyland mit einer hohen „Erlebnisdichte" von 70 Fahrattraktionen, Shops, Restaurants, Paraden und vielen unverhofften Begegnungen mit Filmfiguren.

(d) Vermeidung von Unzufriedenheit, Frustration, Stress
Erlebniswelten vermeiden negative Gefühle, z.B. durch ein geschicktes Wartezeiten-Management, Kontrolle der Laufströme und Kontrolle von Lärm- und Müllbelastung. Insbesondere die soziale Dichte, die das Phänomen des *Crowdings,* das subjektive Gefühl von Beengtsein, hervorruft, wird quasi als angewandte praktische Psychologie möglichst mini-

miert. Man bedenke, daß es an manchen Tagen in Disney World 125.000 Besucher gibt, in der Mall of America an Wochentagen 100.000, an Wochenden sogar bis 170.000 Besucher!

Als Maßnahmen, um dem Besucherstress zu begegnen, werden z.B. die Besucher umfassend informiert, Warteräume attraktiv gestaltet und aufgeteilt und flexible Warteschlangenbegrenzungen eingeführt.

III. Ständige Attraktionen und wechselnde Events

Ein *Event* kann in dem Sinne, daß es sich um ein geplantes, außergewöhnliches, einmaliges Großereignis handelt, ein Erlebnis im og. Sinn sein, zu dem Reisen angeboten werden Als Beispiele können hier die Fußballweltmeisterschaft, ein Konzert der Drei Tenöre, ein Papst-Besuch oder das Oktoberfest in München genannt werden. Event kann das zusätzliche, insofern auch geplante, *außergewöhnliche* Ereignis in einer Erlebniswelt sein. Beispielsweise endete die vorletzte Station der Tour-de-France '97 in Disneyland Paris-Marne la Vallée oder es werden Rock-Oldie-Konzerte im Europa-Park, Volksmusikparaden im Film-Park Babelsberg veranstaltet.

Attraktionen sind dagegen die immer wieder stattfindenden bzw. angebotenen Erlebnisangebote in Erlebniswelten, z.B. die tägliche „Magic Mickey-Parade", die Achterbahn „Big Loop" im Heide-Park oder der abendliche Bingo-Abend im Ferienpark.

Alle Erlebniswelten bieten ständig vorhandene Attraktionen, die immer wieder ergänzt, umgebaut und revitalisiert werden. Und alle Erlebniswelten haben Sonderattraktionen oder Events. Beide, Events und Attraktionen, sind teuer. Die Achterbahn „Euro-Mir" in Rust kostete zum Beispiel 20 Mio. DM.

IV. Optimaler Service, explizite Dienstleistungsqualität

Eine Erlebniswelt ist eine sehr professionell organisierte, hochgradig geplante, auf Perfektion abgestimmte, den Gedanken der Dienstleistung deutlich in den Vordergrund stellende Destination, die der Idee vom 'Kunden als König' sehr nahe kommt. Dies wird nicht zuletzt durch intensive Angestelltenschulung, explizite Kundenorientiertheit und Markt-, Akzeptanz- und Zufriedenheitsforschung unterstützt. Die Erlebniswelten, die ökonomisch reüssieren, sind Zentren von Dienstleistung. Ihr Ziel ist es, Zufriedenheit durch eine ungewöhnlich intensive, optimale Dienstleistungsqualität zu erzeugen, was u.a. beinhaltet:

— gleichbleibende Freundlichkeit des Personals
— umfassende Serviceangebote für alte Menschen, Behinderte und Familien mit kleinen Kindern
— umfassende Information über alle Angebote
— strenge Sicherheits-Kontrollen, v.a. im Technik- und Hygienebereich
— Schulung der Angestellten in eigenen Zentren, u.a.m.

V. Multifunktionalität, Multioptionalität, Einzigartigkeit

Eine Erlebniswelt muß multifunktional und multioptional, dabei aber so gut wie *einzigartig* sein.

In ihrer – erlebnisbetonten – Multifunktionalität scheinen die (post)-modernen Erlebniswelten an die Stelle der traditionellen Städte zu treten. Traditionelle Funktionen der Stadt, die diese bereits verloren hat, oder mehr und mehr zu verlieren droht, werden von den Erlebniswelten übernommen und auf neue Weise gebündelt. Konsequenterweise bieten Erlebniswelten möglichst viele verschiedene Freizeitfunktionen: *Konsum, Kunst, Kultur, Sport, Spiel, Spannung-Unterhaltung-Spaß, Soziale Kommunikation und Vermittlung von Bildung.* Sie sind da für: Wohnen, Einkaufen, Spazierengehen, Dinge sehen/ansehen, sich bewegen und bewegen lassen, Ausruhen/Erholen, Anregen usf. usf. – und alles dieses passiert quasi „unter einem Dach".

Typisch dafür sind die amerikanischen Shopping Malls. Für den Soziologen Vester sind sie Stätten des Konsums, an denen – wie kaum anderswo – der kulturelle Wandel der Postmoderne sichtbar wird:

„Konsum- und Freizeitaktivitäten, die – zumindest in der Moderne – voneinander getrennt waren, werden miteinander verschmolzen und in Beziehung zu veränderten räumlich-architektonischen Formen gesetzt. Es kommt zu einer Vermischung (..) von Wirtschaft und Kultur. – Zielgruppe ist der postmoderne Mensch, der gleichzeitig konsumieren und kommunizieren will. Das Interessante ist, daß hier nicht nur Passivität regiert, passiver Konsum usf., sondern auch aktive Selbstdarstellung (flanieren, zeigen, was man gekauft hat (..)".[5]

VI. Storytelling

Eine Erlebniswelt muß thematisch erfaßbar und erfahrbar sein. Sie muß eine oder mehrere Geschichten bieten (Storytelling), die den Besucher emotional involvieren. Damit sich die Erlebniswelt von der anderen unterscheidet, muß sie möglichst unverwechselbar und einzigartig sein. Dies geschieht über den Inhalt des Angebots und durch die thematische Definition. Man könnte auch sagen, eine zündende Idee, ein einfallsreicher Gag muß zentraler Bestandteil einer Erlebniswelt sein.

Walt Disney war Pionier auf diesem Gebiet. Seinen neuen Themenpark zeichnet eine sogar *doppelte* Thematisierung aus: Länder und Themen (etwa den Wilden Westen) werden mit seinen Comic-/Zeichentrickfiguren (etwa Goofy und Micky) kombiniert, so daß uns dort die Figur Goofy plötzlich als Ranger begegnet.

Die Amerikaner haben für dieses bei uns auch nicht so richtig verstandene Prinzip den Begriff des „Storytelling" erfunden: Nichts ist sozusagen zufällig, alles steht miteinander in Verbindung. Deutsche Parks und einfache mediterrane Parks bieten meist (für sich nicht uninteressante) mehrere unverbundene Attraktionen nebeneinander. Disney konstruierte *einen* Eingang, *eine* Hauptstraße und *eine* Plaza, von der man zu verschiedenen Settings und Ländern gelangt. Weil all dies miteinander verbunden ist und ineinander übergeht, entsteht eben dieser merkwürdige „dichte Eindruck", dieses „intensive Erleben".

Dahinter steckt eben nicht die Idee einer Dult oder eines Kirmesplatzes partikularer Interessen oder Betreiber, sondern die Idee, einen *Filmablauf* mit verschiedenen Szenen dreidimensional zu realisieren. Freizeitparks und andere Erlebniswelten sind dreidimensionale Filme, Theaterstücke und Shows. Jede Szene dieses Films oder dieser Show ist eine Inszenierung für sich.

Disney war Filmemacher. Parks sind insofern *Quasi-Filme*. Disney stellte sich bei der Planung seines Parks eine der Rezeption eines unterhaltsamen Films nachempfundende Landschaft vor. Szenen sollten aneinandergereiht werden, ohne daß Brüche wahrgenommen würden. Diese Szenen sollten thematisch unterscheidbar sein. Der Besucher würde durch einen quasi nachgestellten Film, eine Sammlung von Film- oder Bühnenbildern laufen, auf denen immer wieder etwas anderes, Neues passieren würde. Das ist leider häufig nicht verstanden worden, weil sich die Kritiker auf Äußerlichkeiten bezogen, die ihrem subjektiven ästhetischen Empfinden zuwider liefen.

Themen sind *Geschichten,* sind spezielle *Atmosphären.* Jedes Thema hat seine eigene Atmosphäre[6a]. Der amerikanische Medienkritiker und Disney-Biograph Richard Schickel sprach daher nicht vom Themenpark, sondern vom „atmospheric park". Der französische Architekt Antoine Grumbach, Erbauer des Hotels Sequioa Lodge in Disneyland Paris, meinte:

> „... It is like a sequence of film shots in which the different atmospheres are articulated. We are in a movie travelling through a magical land."[7]

Die anderen Erlebniswelten haben diese Idee mehr oder weniger übernommen: Die großen amerikanischen Shoppingmalls sind thematisch aufgebaut. Erlebnishotels widmen sich einem Thema. Ähnlich ist es in der Erlebnisgastronomie, denken wir etwa an Dinnershows („Buffalo Bills Wild West Show" in Disneyland Paris; „The Sound of Music-Dinnershow" in Salzburg). Auch Spaßbäder haben Themen, die sich vor allem an tropische Sujets anlehnen.

Blizzard Beach, (im Walt Disney World-Resort, Florida) ein Spaßbad, das von der Geschichte eines urplötzlich auftretenden, ungewöhnlichen Schneesturms in einer tropischen Gegend lebt © Kagelmann

Allerdings ist die Wahl attraktiver Themen eine schwierige Angelegenheit. Der Aufbau einer Alpenwelt in der Welt der Alpen könnte möglicherweise vom Publikum als genausowenig erlebnisreich und interessant gesehen werden wie ein Wüstenpark in der Wüste von Nevada. Themen können auch „Atmosphärenkiller" sein: Die Reformation in Mecklenburg, der Deutsche Bundestag, die Geschichte von Salt Lake City – solche Dinge haben keine Atmosphäre, sie sind langweilig und regen nicht das Interesse potentieller Besucher. Und vor allem berühren sie nicht die Welt der Gefühle. Haydn ist kein Thema, Mozart eines, Verdi vielleicht. Ein Bundespräsident ist keines, Prinz Eugen vielleicht, Sisi auf alle Fälle. Ein Brotmuseum nicht, ein Schokolademuseum schon eher, ein Biermuseum vielleicht, Kristallwelten sicher.

Faßt man alle möglichen Themen zusammen, verbleiben etwa zwei Dutzend anziehende Themen mit *emotionaler Qualität*. Warum das so ist, steht in enger Verbindung mit tiefsitzenden Elementen, mit Archetypen, mit „imaginärer Geographie", wie es Christoph Hennig nennt.[6]

In einer Erlebniswelt hat jede Attraktion (im besten Fall) eine spannende, emotional anrührende *Geschichte*. („Above all, Walt Disney was a great storyteller in the ancient traditon of the fairytale..", schreibt der Disney-Biograph Adrian Bailey) Man kann eine Achterbahn aufstellen und – wie sie vergleichsweise häufig auf der Kirmes und auf dem Volksfest anzutreffen ist – und auf Erfolg hoffen. Man kann aber auch – so geschehen im Europa-Park Rust – die Euro-Mir-Achterbahn neben einer echten (russischen) Weltraumstation plazieren und die Fahrt als Abschuß ähnlich einer richtigen Weltraumrakete gestalten. Eine Flugzeug-Raketen-Simulation durch den Weltraum wird so geschaffen. Andernorts wurde diese Attraktion in die Thematik interstellarer kriegerischer Auseinandersetzungen eingebunden. Aus dem Krieg der Sterne („Star Wars") wird die Sternentour („Star Tours"), in der viele Widrigkeiten, feindliche Angriffe, plötzlich auftauchende Meteore oder physikalische Vorkommnisse bewältigt werden müssen.

Die Universal Studiotour simuliert den Angriff eines aus dem Spielfilm bekannten Fabeltieres, des „Weißem Hais" simuliert. Ein Boot mit-Touristen wird plötzlich von einem künstlichen Hai bedroht.

Die Umsetzung von Storys in Landschaften übernehmen Architekten, Bühnenbildner, Zeichner, Innenarchitekten, Landschaftsarchitekten und Künstler. Bei Disney heißen sie typischerweise „Imagineers". In ungebremster Kreativität sollen sie Imagines und Bilder schaffen.[8]

VII. Postmodernes Pastiche

Eine Erlebniswelt muß „postmodern" in dem Sinne sein, daß sie auf falsche und überholte Grenzen verzichtet. Dies meint v.a. das Überschreiten einer heute obsoleten Grenze zwischen Natur/Natürlichkeit und Künstlichkeit. Dies zu verkraften, fällt vielen Leuten schwer. Sie sind befremdet, wenn sie etwa den Montblanc in seiner miniaturen Ausgestaltung in Disneyland, Kalifornien sehen. Es ist eine Kopie, die nach den „Bedürfnissen" des Vergnügungsparks gestaltet und insofern für sich authentisch ist (ganz davon abgesehen, daß es hier einen „Ride", eine wilde Fahrt, gibt).

Der Begriff der „Authentizität" kommt hier ins Spiel. Es gibt keine allgemeinverbindliche Echtheit. Wichtig ist: Als „echt", „authentisch" gilt das, was die Menschen als solches betrachten. (s.a. den Beitrag von Kammerhofer & Keul i. ds. Band.) Die bisherige Diskussion litt sehr unter der direkten oder indirekten Vorstellung, die Besucher von Erlebniswelten würden manipuliert, mit Tricks zum Besuch und Konsum von Themenparks, Shopping Malls usf. veranlaßt. Tatsächlich gibt es aber Grund zu der Annahme, daß die meisten Besucher realistische Erwartungen bezüglich der „Künstlichkeit" einer Erlebniswelt haben. Mehr noch, das „Künstliche" ist gerade das Interessante. Für viele Menschen von heute kann Künstliches und Natürliches erlaubterweise nebeneinander existieren. In der Postmoderne schließt das eine das andere nicht aus. Das zu verstehen fällt allerdings vielen kulturpessimistischen Kritikern schwer.

In einem sehr lesenswerten Aufsatz hat Christoph Hennig vor kurzem die manchmal hochaggressive, feindselige und nicht selten hysterische Kritik an Ferienparks und Erlebniswelten analysiert. Sehr zutreffend erläutert Hennig zwei häufig strapazierte „Argumente", um die ästhetische subjektive Ablehnung der künstlichen Erlebniswelten kaschieren zu können:

– Ein ökologisches Argument spricht die Belastung der Umwelt an. Erlebniswelten verursachen demnach nie wieder gutzumachende Schäden. Diese Argumentation ist jedoch strittig.
– Ein sozialpsychologisch-politisches Argument bezieht sich auf den Vorwurf hinsichtlich der Auswirkungen auf Einstellungen und Verhalten der Menschen. Themenparks u.a. würden den Besuchern banale und primitive Klischees vermitteln.

Hennig meint,

„keines dieser Probleme aber rechtfertigt ein Katastrophengerede. Die heftigen Reaktionen berühren einen wunden Punkt des modernen Reisens: das Problem der Echtheit touristischer Erfahrung. Ihrer 'Künstlichkeit' wird die angebliche Ursprünglichkeit authentischer Erlebnisse entgegengehalten. Mit der aber ist es in Wirklichkeit auch nicht soweit her. Die Aufregung gilt der Verteidigung einer brüchigen Idee (..). Reisen, so die herrschende Vorstellung, soll die Erfahrung fremder Länder ermöglichen. Je stärker sich Reisende auf die Fremde 'einlassen', um so mehr Wertschätzung können sie beanspruchen. Es gilt als lobenswert, wenn man die französische Geschichte oder die Flora Norwegens kennt, wenn man spanische Fischer und italienische Winzer zu seinen Freunden zählt, wenn man in den versteckten Tavernen Athens verkehrt. Kenntnis und Kontakt lautet die Devise. Das Reisen ist gleichsam eine moralische Anstalt, die (..) zu Völkerverständigung und Welterfahrung führt."[9]

Werbung für Disneyland, Kalifornien

Weil dieses Argument bei den Fun-Parks und Erlebniswelten nicht greift, würden sie so intensiv abgelehnt.

VIII. Sicherheit

Erlebniswelten strahlen eine enorme Sicherheit aus. Im Extremfall wird dies in den neuen Kunst-Städten" à la Celebration vorexerziert, die von privaten Gesellschaften errichtet und von privaten Polizeitruppen entsprechend kontrolliert sind. Aber in fast allen größeren Themenparks, Shopping Malls, Ferienparks wird ein umfassendes, facettenreiches Gefühl der Sicherheit vermittelt.

Bei fast jedem Besucher entsteht der Eindruck, mit dem Eintreten in die Welt in eine Zone der Sicherheit einzutreten. Hier ist sichtbar alles in Ordnung. Hier gibt es keine Kriminalität, keine Unfälle, keine unangenehmen Zwischenfälle, keine Handtaschenräuber, keine Entführungen, keinen Mord und keinen Totschlag, und auch keine der in vielen Fremdenverkehrsdestinationen üblichen Betrügereien. Noch nicht einmal verlieren kann man hier etwas, denn es wird alles gesammelt und abgegeben, Mützen, Geldbörsen, Buggys, Kinder. – So kommt es, daß der Besucher etwa der Disney-Themenparks deren Werbung ganz natürlich findet, dies sei ein Ort der vollkommener Glückseligkeit, der „glücklichste Platz auf Erden". Erreicht wird dies, außer durch architektonische Mittel (Eintrittsbereich) durch eine mehr oder weniger große Menge von Sicherheitsbeamten, die typischerweise als Touristen verkleidet sind.

Typisch für diese *personelle* Sicherheit ist auch der vor kurzem fertiggestellte „Universal City Walk" von Los Angeles. Hier ist eine echte „Gegend" völlig maßstabsgetreu nachgebaut, es fehlt nur die „echte Bedrohung" durch kriminelle Elemente. Jeder kann hier durch eine Filmproduktions- und Entertainment-Landschaft spazieren, ohne Angst haben zu müssen (wie in der echten Vorlage).

Sicherheit bedeutet aber auch die Sicherheit der Erfüllung von Erwartungen und Ansprüchen – als Garantie gleichbleibender Qualität zu verstehen. Wer in eine Erlebniswelt geht, weiß in der Regel genau, was ihn erwartet – abgesehen von Variationen und Innovationen im Rahmen des Bekannten. Dies gefällt dem verunsicherten Subjekt der Risikogesellschaft, und er wird nicht selten zum Stammbesucher. Natürlich kann man dies auch kritisch sehen. Daher war in der jüngeren Diskussion zutreffend von der „McDonaldisierung"[10] der Freizeitparks (und der Gesellschaft) die Rede.

IX. Entertainment Architektur

Erlebniswelten präsentieren zwanglos-ungewöhnliche Architektur. Die von Disney und den Betreibern der großen Shopping Malls engagierten – übrigens weltbekannten! – Architekten zeichnen sich summarisch durch die Fähigkeit aus, reichlich tabulos und zwanglos zu konstruieren. Gerade die Unterhaltungszonen in Amerika sind mittlerweile vielerorts von inkongruenter und reizvoller Architektur geprägt, die häufig Verdikte von „Kitsch" u.ä. hervorrufen. Beispiele hierfür sind besonders Las Vegas, eine Erlebnisstadt mit überdimensionalen Themenpark-Hotels („MGM-Grand Adventures"), die gigantischen Shopping Malls à la Edmonton, neuere Museen, in denen die Themen- und Eventphilosophie Einzug gehalten hat, futuristische Kinoarchitektur, u.a.m.

Wir können vom Prinzip der zwanglosen Koexistenz reden, von Experimentierfreude als Stilprinzip, von der neuen Erkenntnis, daß sich Unvereinbares miteinander verträgt.

Das „MGM Grand", ein Themenhotel in Las Vegas (Prospekt)

X. Nachhaltigkeit
Eine Erlebniswelt sollte ökologische und soziale Verträglichkeit garantieren. Dies ist ein kontrovers diskutiertes Prinzip, allerdings scheint es so, daß die großen Erlebniswelten durchaus ökologische Masterpläne haben (z.B. Mülltrennung).

Man könnte sicher noch mehr Prinzipien funktionierender, finanziell erfolgreicher Erlebniswelten finden: Erlebniswelten können familienintegrative Wirkungen haben. In mancherlei Hinsicht stellt Erholung im Ferienpark, im Erlebnispark und im Ferienclub die neue, postmoderne Familienurlaubsform dar. Es gibt hier ein besonders intensives Marketing und ein straffes, zentralistisches Management. Der Gedanke der (Medien-)Synergie[11] und des Merchandising wird stark herausgestellt.

6. Abschließendes Fazit

Alle Zahlen sprechen dafür, daß die Menschen der westlichen Industriegesellschaften weiter sehr viel Geld für Freizeit und Urlaub ausgeben. Der geschätzte Umsatz der Freizeitbranche in Deutschland jährlich liegt bei 300 Mrd. DM; die Deutschen geben jede siebte Mark für Freizeitvergnügen oder Urlaub aus. Freizeit ist auch mehr und mehr verfügbar: Laut einer Prognose des Instituts der Deutschen Wirtschaft wird jeder Deutsche im Jahr 2000 über etwa 2.900 Stunden Freizeit im Jahr verfügen, 160 Stunden mehr als noch 1991. Das Freizeit- und Reiseverhalten flexibilisiert sich zusehens, die Grenzen zwischen „großer Urlaubsreise" und „kleinem Ausflug" verwischen. Davon profitieren alle Erlebniswelten. Die Stellungnahmen aus der Freizeitwirtschaft unterstreichen das: Anfang 1997 erwarteten 12 Wirtschaftszweige Umsatzzuwächse – die Fitneßbranche, die Freizeitparks, die Konzertveranstalter und die Filmtheater.[12]

Befragungen zeigen, daß für das besondere Erlebnis auch in Zeiten geringerer Budgets genügend Geld und Begeisterung vorhanden sein wird, vorausgesetzt, etwas Besonderes geboten wird. (Mehr als die Hälfte der Musicalfans reisen mindestens 200 km weit an.) Schließlich werden vor dem Hintergrund einer schwieriger gewordenen wirtschaftlichen Situation Geldausgaben *umgeschichtet*, um sich Reisen und Urlaub leisten zu können, wobei auf andere Dinge verzichtet wird (Volksfeste, traditionellen Kulturkonsum wie Bücher, u.ä.).[13] Kurz, es spricht einiges dafür, daß die Tendenz zu erlebnisbetontem Freizeitkonsum und der Run auf die Erlebniswelten aller Art noch längst nicht beendet ist.

Anmerkungen/Literatur

1 Die folgenden Zahlen sind größtenteils Meldungen der Tages- und Wochenpresse entnommen, u.a.: Süddeutsche Zeitung 2.1.90; 21.11.92; 6.2. 94; 4.5.94; 5.12.95; 7.12.95; 28.5.96; 16.7.96; 20.9.97; 9.10.97; 21.10.97; 22.11.97; 27.11.97; 8.12.97; 28.1.98; 7.3.98; 13.3.98; 2.4.98; 27.4.98; 16.7.98; 10.6.98; 3.7.98; 20.7.98; 10.8.98; SZ-Magazin 18.3.96; FAZ-Magazin 18.8.98; ZEIT 3.9.93;ZEIT 25.11.94; Zeit 7.3.97; ZEIT 25.6.98; NRZ 6.9.9; Frankfurter Rundschau 28.4.90; Frankfurter Rundschau 17.12.96; Uni Ulm Intern Febr. 98, Stern 31.12.97; Wirtschaftswoche, 18.1.96; Handelsblatt 25.4.95; ITB Presse 8.3.98; Bayernkurier, Jan. 96; Zug 3/98, Geo Special Florida; Presse 5.6.98; Die tollsten Musicals in Deutschland. Stuttgart: Mair/Marco Polo, 1998; vgl. ferner: Kagelmann, H.J. Comic-Themenparks (S. 250-279) In: ders., Comics anno, Vol 3/1993. München: Profil, 1995.
2 Schober, R. (1993). (Urlaubs-) Erleben, (Urlaubs-) Erlebnis. (S. 137-140) In: H. Hahn & H. J. Kagelmann (Hg.), Tourismuspsychologie und Tourismussoziologie. München: Quintessenz (hier S. 138)
3 Dazu der Besitzer des größten deutschen Parks: „Weshalb bleiben die Menschen so lange im Park? Weil die heile Welt so wunderschön ist, oder weil das Angebot für einen Tagesbesuch zu groß ist? In Amerika kommt beides zusammen. Man fühlt sich wohl, hat ein Angebot, das nur in mehreren Tagen zu bewältigen ist. Sie gewinnen für ein paar Tage Abstand vom Tagesgeschäft, sie haben dort ein Gefühl wie im Urlaub – wohl wissen, daß die Amerikaner wesentlich weniger Urlaubstage als die Deutschen haben und oft tageweise den Urlaub verbringen. Ein Freizeitpark kann für solche Menschen genau das richtige sein. Ich beobachte das nun auch im Europa-Park in Rust. Dieser hat eine Dimension erreicht, die auch ein Angebot über den Tagesbesuch hinaus bietet. Deswegen lohnt sich für viele Gäste auch eine Übernachtung in unserem Hotel." (Interview in FAZ 18.8.98)
3a s. Noack, R. (1998). Amerika in Germany. In deutschen Städten entstehen Urban Entertaiment Center. ZEIT, 5.3.98.
3b Walt Disney, Famous Quotes; Walt Disney Co. 1994
4 Eine in diesem Zusammenhang angebrachte Metapher ist die „Reise". Am Anfang der Erlebnisreise steht der Eintritt in einen Park, durch ein Tor in eine neue Welt, am Ende der angenehme Abschied, der ein Wiederkommen verspricht.
5 H.-G. Vester. Soziologie der Postmoderne. München: Quintessenz, 1993
6 Hennig, C. (1998). Die Mythen des Tourismus. Imaginäre Geographie prägt das Bild der Reisenden von Ländern und Menschen. ZEIT, 25.6.97
6a Vgl. dazu Schober, R. (1993). Atmosphäre (S. 119-121) In: H. Hahn & H. J. Kagelmann (Hg.), Tourismuspsychologie und Tourismussoziologie. München: Quintessenz (hier S. 119): „Die Anziehungskraft (Attraktion) einer Urlaubsszenerie hängt wesentlich davon ab, welche Atmosphäre sie dem Gast vermittelt. Atmosphäre kann dabei definiert werden als die emotionale Wirkung einer (räumlich definierten) Situation. Sind optimale atmosphärische Bedingungen vorhanden, tritt eine ganz bestimmte Stimmung ein. Verwandte Begriffe dafür sind: Ausstrahlung, Ambiente, Fluidum, Flair. (..). Eine Atmosphäre besitzt neben der emotionalen Wirkung auf den Urlauber auch den von Lewin

hervorgehobenen Aufforderungscharakter, regt somit zu einem bestimmten Verhalten im Urlaub an."
7 EuroDisney. Connaissance Des Arts, Paris 1992.
8 Vor kurzem ist übrigens ein außerordentlich anregendes Buch, eine Fundgrube der Fantasie über die Diseneysche Imaginationsfabrik vorgelegt worden: Walt Disney: Imagineering. A Behind the Dreams look of Making the Magic Real. New York: Hyperion 1996.
9 Hennig, C. (1997). Reiselust. Touristen, Tourismus und Urlaubskultur. Frankfurt: Insel.
10 s. Ritzer, G. (1993). Die McDonaldisierung der Gesellschaft. Frankfurt: Fischer.
11 Aus Effizienz-, Rationalitäts- und Profitmaximierungsgründen findet schon seit längerem ein Austausch zwischen den Medien (untereinander) statt, was die Kernstücke der Medieninhalte – Figuren, Thematiken, Handlungen usf. – anbetrifft. Dieser Vorgang ist als „multimediales Prinzip" oder „Synergie"-Prinzip bekannt. für alle Medien in den westlichen Industriegesellschaften trifft dabei zu, daß in geplant-rationaler Weise versucht wird, ökonomische Erfolge durch die gezielte Mehrfachverwertung „intern" und „extern" zu generieren. „Mit Synergie ist die Koordination von verschiedenen unternehmerischen Strategien in dem Sinne gemeint, daß das Ganze der Aktivitäten schließich einen höheren Wert ergibt als die Summe der einzelnen Teile, dann nämlich, wenn diese einander nicht wechselseitig unterstützten würden. Die Idee ist keine Erfindung der 80er Jahre, Disney benutzt sie seit beinahe 30 Jahren (..)" (Turow, J., Geschichtenerzählen im Zeitalter der Medien-Synergie. (S. 241-245) In B. Franzmann u.a., Hg., Auf den Schultern von Gutenberg. München: Quintessenz)
12 FAZ 8.3.97
13 In den letzten Jahren wurden Umsatzrückgänge in verschiedenen Sparten der Kirmesangebote von bis zu 20% gemeldet (SZ 16.7.96), was auf den wachsenden Konkurrenzkampf im Freizeitsektor zurückgeführt wurde (SZ 20.12.97).

Ulrike Kammerhofer-Aggermann & Alexander G. Keul

Erlebniswelten –
Die Kommerzialisierung der Alpenträume:
Touristensommer und Bauernherbst

Der Versuch dieses Tagungsbandes, Sinn und Unsinn eines „alpinen" Themenparks am Standort Pinzgau zu reflektieren, lohnt auch aus Sicht der Volkskunde und der Umweltpsychologie. Der multikausale, komplexe Charakter der sozialen Massenphänomene namens Tourismus läßt sich interdisziplinär besser abbilden (Hahn & Kagelmann, 1993; Bachleitner, Kagelmann & Keul, 1998). Moderne Volkskunde definiert sich dabei als vergleichende Kultur- und empirische Sozialwissenschaft (nicht als reliktsuchende und konservierende Museologie), Umweltpsychologie als Angewandte Psychologie der Mensch-Umwelt-Beziehung. Der Beitrag erarbeitet Grundlagen, ohne vorschnell Partei für oder gegen politisch, ökonomisch oder regional Erwünschtes zu beziehen. Volkskunde studiert, wie und warum Menschengruppen ihre physische und soziale Umwelt gestalten, warum sie etwas für „echt", „gut", „richtig" und „schön" halten, welche Kulturprozesse ihre Wertungen und Wünsche begründen, und wie Ethnien und Gesellschaftsgruppen miteinander kommunizieren. Im Tourismus lauert die Gefahr, daß der unreflektierte Umgang einander fremder Besucher und Dienstleister zu sozialen und kulturellen Konflikten führt (vgl. Mitterers „Piefke-Saga").

Während umweltpsychologische Beiträge zum Thema Tourismus dünn gesät sind (Winter, 1993; Keul & Kühberger, 1996; Keul, 1998), gibt es eine lange Tradition volkskundlicher Tourismusforschung (Pöttler & Kammerhofer-Aggermann, 1994; Kammerhofer-Aggermann & Gaurek, 1998), deren Arbeitsfelder u.a. Tourismus als Erwerbsform, als vermeintliche Gegenwelt, als Medium der Interaktion umfassen. Im konkreten Fall eines Themenparks, also einer Erlebniswelt für touristische Zwecke, sollte zunächst betrachtet werden, inwieweit sich der „konventionelle" alpine Tourismus von neuen touristischen Formen unterscheidet. Was ist von der populären Meinung zu halten, amerikanische Urlaubs- und Unterhaltungsformen würden uralte, echt österreichische Sitten, Werte und Bräuche stören, verdrängen, ja vernichten? Einzelstudien zeigen deutlich, wie oft das „erhaltenswert-ehrwürdig Alte" bereits Volkskultur *aus zweiter Hand*, internalisiertes Fremdbild anderer Zeiten und Tourismuskulturen ist (Pöttler & Kammerhofer-Aggermann, 1994). Wenn schon Biologen und Forstleute Schwierigkeiten haben, im alpinen Raum unterhalb der Baumgrenze eine „Ur- und Naturlandschaft" zu finden, da praktisch jeder Hektar über die Jahrtausende von menschlicher Aktivität (lat. *cultura* = Ackerbau) beeinflußt und überformt ist, dann beruht auch die Polarität „bodenständig-echt vs. importiert-unecht" auf einem verwaschenen Kulturverständnis. Authentizität, das stellen Benjamin (1963), Dahlhaus (1967), Köstlin (1984) und Hennig (1997) klar, ist (auch im Tourismus) ein Reflexionsbegriff, d.h. „Echtheit" *entsteht im Auge des Betrachters* und enthält Wertungen, die aus dessen erlerntem Weltbild und sozialisiertem Bestand an Normen stammen. Das subjektiv „Echte" wird sensu Sigurt Erixon von einer Zeit, einem Ort und einer sozialen Gruppe mit ihren Normen definiert. Ein Traktor als Produkt des 20. Jahrhunderts wie ein alter Ochsenpflug erhalten je nach dem Kontext, in dem sie stehen, unterschiedliche „Echtheiten" – etwa als Arbeitsgerät, Museumsexponat oder Diskothekendekoration. Bendix resümiert Befunde zum Echtheitserleben im Tourismus und in den Wissenschaften (1994, S. 58) wie folgt: „*Authentes* stammt aus dem Griechischen und hat klassische Bedeutungen wie 'echt, zuverlässig, verbürgt, glaubwürdig' (..). Im Lauf der letzten Jahrhunderte hat der Begriff an semantischer Breite derart zugenommen, daß man ihn schon fast ein Plastikwort nennen könnte".

Es nimmt nicht wunder, daß die Tourismuswerbung besonders in Österreich intensiv mit „Echtheit", „Authentizität", „Ursprünglichkeit" und „Erdigkeit" arbeitet, sie als überhöhte „Gegenwelt" zum vermeintlich weniger echten und ursprünglichen Alltag ihrer Konsumenten anbietet, oft geradezu als Paradieslandschaft, garniert mit Gefühlswerten wie „Heimat", „Freundschaft", „Willkommen-Sein" u.v.a.. Angebot und Nachfrage verstärken sich zirkulär – weil der kollektive Wunschtraum nach einer besseren, heilen Welt in den Alpen besteht, wird er beworben, und umgekehrt. Diese „imaginäre Geografie" (Hennig, 1997) ist psychologisch ableitbar aus narzißtischen, selbst- und wohlbefindensbezogenen Bedürfnissen der Reisenden, aber historisch relativ jung. Während vom Mittelalter bis ins 18. Jahrhundert zwar das grüne Umland der Städte als erholsam, lieblich und gesund eingeschätzt worden war, galt stadtfernes Land – ob Alpental oder Küstenstreifen – als menschenleer, feindlich und gefährlich. Erst im Zeitalter der Romantik „eroberte" sich das Bürgertum langsam die Alpen und schätzte ihre Szenerie dann als „heimelig". Im 20. Jahrhundert erreichte dieses Bild im Massentourismus maximale Breitenwirkung. Wichtigste Reiseorte waren und sind der Mittelmeerraum, die Alpen, der Rhein und die Meeresküsten. Literaten beschrieben sie, Maler zeichneten sie, und Touristen träumten dies an Orten mit einem oder mehreren Sternen im Baedeker gerne nach (Bausinger, 1991).

Tourismus, ob er sich nun als „Gegenwelt" zum bürgerlichen Leistungsideal des Alltags oder als „demonstrativer Müßiggang" der Besitzenden (Veblen, 1899/1973) darstellt, ist in jedem Fall Konstruktion, Stilisierung, Arrangement bestimmter erwünschter Dinge und Situationen, und Ausschluß unerwünschter. Aus dieser Perspektive unterscheiden sich Alpinismus, Pensionisten-Sommerfrische, Kur, Urlaub am Bauernhof, Tauchen in der Karibik oder Erlebnispark viel weniger voneinander, als die Gegenüberstellung ihrer Einzelphänomene vermuten ließe.

Dem Druck differenzierter Bedürfnisse und hochgespannter Wünsche (wie „14 Tage Traumwetter") kann die bescheidene Realität nie und nimmer standhalten. Alle Urlaubsformen besitzen daher einen gewissen Grad an Virtualität, an Künstlichkeit. Goffman spricht nicht umsonst, wie Arthur Schnitzler, von einer „Bühne", einer sozialen Theatermetapher. Reisende konstruieren ihre eigene Authentizität, ihren Sinn, ihre Erlebnisse, oft mit Hilfe von menschlichen oder papiernen Reiseführern. Salzburg als „Weltbühne und Naturkulisse" zeigt sehr deutlich das Auf und Ab der touristischen Wunsch- und Propagandabilder (Haas, Hoffmann & Luger, 1994). Die Übergänge zwischen verschiedenen „lifestyles" sind inzwischen fließend, Vester (1988) nennt den postmodernen „Fleckerlteppich" „patchwork" oder „Pastiche", Rotpart ortet den „Hybridtouristen" (1995). Angebote werden zunehmend „mcdonaldisiert", also arbeitsteilig und kostensparend montiert (Ritzer, 1993).

Es scheint, daß „es Ziel des Tourismus sein muß, durch synthetische Kunstwelten jene Schäden der Seele zu reparieren und zu kompensieren, die die moderne Wirtschaftsgesellschaft anrichtet" (Kramer, 1997). Dagegen traten und treten Versuche an, der Virtualität zu entkommen. Aber auch Nationalparkkernzonen-Verordnungen erzeugen in gewisser Weise virtuelle Welten. Sie erhalten denkmalpflegerisch historische Kulturlandschaften und Naturdenkmäler, die durch moderne Absiedlung oder Bewirtschaftung so nicht mehr existieren würden. Gleichzeitig dringen geführte Nationalparkwanderer, „Bauernherbst"-Freunde und andere in „sanften", doch synthetischen Packages in immer weitere Bereiche traditioneller Agrarlandschaften und familiärer Lebenssphären ein. Krimhild Kapeller zeigt die langfristige Überformung ganzer Tourismusregionen durch internalisierte touristische Klischees des „Typischen" auf, die die international typisierten „Aperitiflandschaften" der ersten Hälfte unseres Jahrhunderts ablösten. Weltweit gleiche Airport-Art mit „Gruß aus Irgendwo" dokumentiert heute weniger das Dortgewesensein, sondern wird zur Trophäe im Kampf um das Fortgewesensein. Deren Inhalte haben keinen Bezug zur Region, sie sind ausschließlich Indikatoren touristischer Stereotypen und sozialer Ästhetik (Kapeller, 1991).

Die Gesellschaftskritik der Frankfurter Schule (vgl. Prahl & Steinecke, 1979) sieht im Tourismus Bewußtseinsindustrie und kapitalistische Warenästhetik, einen kurzen und teuer bezahlten Ausbruch aus dem geregelten, entfremdeten Leben. „Wie Tradition und Kultur für den Tourismus liquidiert wurden" und „eine Branche auf der Couch" landete, beklagen viele Tourismuskritiker (Schönberger, 1994). Die idealistische Forderung eines „reinen", „unschädlichen", „sanften" Tourismus (Krippendorf, 1975; Kramer, 1983)begehrt Unmögliches, nämlich ein hölzernes Eisen. Ideale, virtuelle Urlaubsziele bedingen notwendigerweise Eingriffe in Landschaft und Sozialstruktur. Luigi Snozzi hat dies für die Architektur längst thematisiert: „Jedes Bauen ist ein Akt der Zerstörung. Zerstöre mit Verstand!" Statt „Lederhosen-Architektur" oder „Aus dem Lagerhaus auf die Wiese geschissen" (Thomas Bernhard) sollte qualitätvolle gegenwärtige Architektur eine Virtualisierung der Umwelt erreichen, die Nutzerbedürfnissen ebenso entgegenkommt wie den Anforderungen einer gewachsenen Kulturlandschaft.

An dieser Stelle drängt sich die Frage auf, wie zeitgemäß unsere Natur-Kultur-Bilder eigentlich sind. Neben der u.a. von den Psychologen Revers und Lang kritisierten cartesianischen Bewußtseinsspaltung in *„res cogitans"* (wir als „Weltbeherrscher") und *„res extensa"* (die von uns getrennte Um-Welt) hängen wir an ebenso dualistischen Kulturdefinitionen, die in eine von Gott gemachte „gute" Natur und eine „böse", alles verändernde menschliche Kultur polarisieren. Authentizität und Urtümlichkeit beschwören das „Goldene Zeitalter" vor dem Sündenfall herbei, und werden – in den Werken von Rousseau bis Michael Ende – durch höllische Technik und Zivilisation bedroht. Andererseits bedeutet auch die Gleichsetzung beider Begriffe (z.B. Boesch: Kultur als Biotop des Menschen) keine Lösung. Weichbold (1998) untersuchte Metaphern der Tourismuswerbung für den Naturpark Hohe Tauern in Salzburg und fand ein aristotelisches, starr naturalistisches Naturbild („unberührt", „bewahren"). Im Prospekt diente die Naturästhetik eher Verschleierungszwecken. Ein kulturalistisch-evolutionäres Bild wäre realitätsgerechter.

Notwendig erscheint der Wechsel zu einem integrativen Kultur-Natur-Modell, in dem Kultur jener historisch konstituierte und konkret sozialisierte Bezugsrahmen ist, durch den wir Natur- – und damit auch Erholungslandschaften – bewerten (Gerndt, 1996). Menschliche Eingriffe sind in diesem Modell nicht „grundsätzlich schlecht", sondern zwingend vorgegeben, die Frage ist nur, nach welchen Grundhaltungen sie erfolgen und zu welchen Zielvorstellungen sie führen. Strey und Winter (1995) referieren eine Befragung von Erholungssuchenden an der deutschen Nordsee und an einem Baggersee bei Göttingen, die zeigt, daß sich die subjektive Naturwahrnehmung (Items: Erholung, schön, Unberührtheit, Freiheit) der Orte praktisch nicht unterscheidet. Auch den Baggersee halten 51% der Befragten für „unberührt".

Alpen, Almbauer und Themenpark schließen einander weder subjektiv noch objektiv völlig aus, sondern können sich – sensibel geplant – ergänzen und fördern. Dieter Kramers Nachhaltigkeitsthesen, seine Revision eines allzu blauäugig geforderten „sanften" Tourismus, ließen ihn eine komplexe, sozialökologisch orientierte Tourismuspolitik fordern. Ein neuer „regionalistischer Neomerkantilismus" soll dabei die drei Ebenen des Tourismus – die Reisenden, die Art ihrer Fortbewegung und die Regionen mit ihren Bewohnern – gleichermaßen einbeziehen und zu nachhaltiger Entwicklung führen. „Persönlichkeitswirksame und realitätshaltige Erlebnisse" für die Touristen, ebenso wie ein befriedigendes Maß an Menschenwürde und Selbstbestimmung der Lebensverhältnisse („Lebensplätze") für die Bewohner, entwickelt aus dem gesamten wirtschaftlichen, ökologischen, kulturellen und sozialen Potential der Region sind für ihn Garanten der Nachhaltigkeit. Dieses *sustainable development* kann den Erhalt und die Weiterentwicklung der komplexen regionalen Potentiale fördern und einer einseitigen wirtschaftlichen Abhängigkeit der Regionen vorbeugen (Kramer, 1997). Hierin könnte auch die Möglichkeit der „Wieder-Verzauberung" des Lebens für den Touristen liegen, über nichtalltägliche Erfahrungen im Urlaub seinen Alltag zu relativieren (Lutz, 1993). Intersozietäre Wirtschaftsmoralität und evolutionäre Unternehmensethik könnten daher auch im Wirtschaftssektor Tourismus dem Globalisierungsschock begegnen und die kulturelle Heterogenität (konfliktfrei) erhalten (Dehner, 1998).

Intensivere Untersuchungen über Feldbeobachtungen und qualitative Interviews, neben demografischem und umwelttechnischem auch ein soziokulturelles Monitoring im Rahmen der CIPRA (Internationale Alpenschutzkommission CIPRA, 1998), wären wichtig, um Probleme frühzeitig erkennen und gegensteuern zu können. Incoming-Statistiken allein sagen nichts über die atmosphärische Qualität der Orte und das Flair des sozialen Umgangs aus. Wenn es so schön auf der Alm (oder im Themenpark) ist, dann interessiert auch das Warum dieses Erlebnisses, die Bedingungen für die soziale Konstruktion der alpinen Wirklichkeit.

Literatur

Bachleitner, R. & Keul, A. G. (1997). Tourismus in der Krise. Der Salzburger Fremdenverkehr im Spannungsfeld von Regionalisierung und Globalisierung. (S. 68-91) In: R. Flomair (Hg.) Salzburger Jahrbuch für Politik 1997. Salzburg: Residenz.

Bachleitner, R., Kagelmann, H.J. & Keul, A.G. (Hg.) (1998). Der durchschaute Tourist. Arbeiten zur Tourismusforschung. München: Profil.

Bausinger, H., Beyrer, K. & Korff, G. (Hg.) (1991). Reisekultur. Von der Pilgerfahrt zum modernen Tourismus. München: Beck.

Bendix, R. (1994). Zur Problematik des Echtheitserlebnisses in Tourismus und Tourismustheorie. (S. 57-83) In B. Pöttler & U. Kammerhofer-Aggermann (Hg.), Tourismus und Regionalkultur. Referate der Österreichischen Volkskundetagung 1992 in Salzburg. Wien: Verein für Volkskunde.

Benjamin, W. (1963). Das Kunstwerk im Zeitalter seiner technischen Reproduzierbarkeit. Frankfurt/Main: Suhrkamp.

Dahlhaus, C. (1967). Zur Dialektik von „echt" und „unecht". Zeitschrift für Volkskunde, 63, 56-57.

Dehner, K. (1998). Lust an Moral. Die natürliche Sehnsucht nach Werten. Darmstadt: Wissenschaftliche Buchgesellschaft.

Gerndt, H. (1986). Die Alpen als Kulturraum. Über Aufgaben und Verantwortung der Kulturwissenschaften. Schönere Heimat, 85, 170-179.

Haas, H., Hoffmann, R. & Luger, K. (Hg.). (1994). Weltbühne und Naturkulisse. Zwei Jahrhunderte Salzburg-Tourismus. Salzburg: Pustet.

Hahn, H. & Kagelmann, H. J. (Hg.) (1993). Tourismuspsychologie und Tourismussoziologie. München: Quintessenz.

Hennig, C. (1997). Reiselust. Touristen, Tourismus und Urlaubskultur. Frankfurt: Insel.
Internationale Alpenschutzkommission CIPRA (Hg.). (1998). 1. Alpenreport. Bern: P. Haupt.
Kammerhofer-Aggermann, U. & Gaurek, M. (1998). Volkskundliche Tourismusforschung. In R. Bachleitner, H. J. Kagelmann & A. G. Keul (Hg.), Der durchschaute Tourist. (S. 157-169). München: Profil.
Kapeller, K. (1991). Tourismus und Volkskultur. Folklorismus. – Zur Warenästhetik der Volkskultur. Graz: Dissertation der Karl-Franzens-Universität.
Keul, A.G. (1998). Psychologische Gedanken zu „Events" im Tourismus. Salzburger Volkskultur, 22, 31-33.
Keul, A.G. & Kühberger, A. (1996). Die Straße der Ameisen. Beobachtungen und Interviews zum Salzburger Städtetourismus. München: Profil.
Köstlin, K. (1984). Die Wiederkehr der Volkskultur. Der neue Umgang mit einem alten Begriff. Ethnologia Europaea, 14, 25-31.
Kramer, D. (1997). Aus der Region – für die Region. Konzepte für einen Tourismus mit menschlichem Maß. Wien: Deuticke.
Krippendorf, J. (1975). Die Landschaftsfresser. Tourismus und Erholungslandschaft – Verderben oder Segen? Bern: Forschungsinstitut für Freizeit und Tourismus/Universität Bern.
Lutz, R. (1993). Tourismus und Bewegungskultur. Perspektiven des Reisens. (S. 201-244) In D. Kramer & R. Lutz (Hg.), Tourismus -Kultur Kultur -Tourismus. Kulturwissenschaftliche Horizonte 2, Münster/Hamburg: Lit Verlag.
Pöttler, B. & Kammerhofer-Aggermann, U. (Hg.). (1994). Tourismus und Regionalkultur. Referate der Österreichischen Volkskundetagung 1992 in Salzburg. Wien: Verein für Volkskunde.
Prahl, H.W. & Steinecke, A. (1979). Der Millionen-Urlaub. Von der Bildungsreise zur totalen Freizeit. Darmstadt: Luchterhand.
Ritzer, G. (1993). Die McDonaldisierung der Gesellschaft (Übersetzung). Frankfurt: Fischer.
Rotpart, M. (1995). Vom Alternativtourismus zum Hybridtourismus. Linz: Trauner.
Veblen, T. (1899). The theory of the leisure class [Reprint]. Boston: Houghton Mifflin, 1973.
Schönberger, A. (1994). Alm-Rausch. Die Alltagstragödie hinter der Freizeitmaschinerie. Mit einem Prolog von Felix Mitterer. Wien: Ueberreuter.
Vester, H.G. (1988). Soziologie der Postmoderne. München: Quintessenz.
Weichbold, M. (1998). Bereiste Natur? Zur Rolle der „Natur" im Tourismus. (S. 62-73) In H. Bachleitner, H. J. Kagelmann & A. G. Keul (Hg.), Der durchschaute Tourist. München: Profil.
Winter, G. (1993). Ökologische Psychologie, Umweltpsychologie. (S.100-108) In H. Hahn & H. J. Kagelmann (Hg.), Tourismuspsychologie und Tourismussoziologie. München: Quintessenz.

Alexander G. Keul

Quo vadis, schöne neue Alpenwelt?

Diskussion und Resümee, Bildungshaus Goldegg, 24. April 199

> *„Freier Blick aufs Mittelmeer!*
> *Weg mit den Alpen!"*
> (Graffito am alten Psychologie-Institut in Salzburg)

> *„Die Zeit ist immer reif. Es fragt sich nur, wofür"*
> (Graffito am Lagerhaus im Bahnhof Wörgl, Tirol

Anstelle einer Einleitung hier eine alte, authentische Volkssage, die mir beim Schreiben des Beitrags durch einen unergründlichen Zufall in die Hände fiel:

> *„Des Flop-Seppls Werk im Tiefen Grund* – Dereinsten besuchten immer weniger Stadtleut' des Sommers den Tiefen Grund mitten im Gebirg zum Urlauben. Dies bereitete den Gewaltigen des Landstrichs manch Kummerfalte und so suchten sie Rat beim Flop-Seppl, dem gewitzten Marketing-Venedigermandl, das mit manch feiner Idee die Alpen durchstreifte und da und dort zu klingender Münze umsetzte. Und der Flop-Seppl hatte sogleich einen pfiffigen Rat für sie: Gebt doch den Stadtleuten im Tiefen Grund das, was sie zu Haus gern haben, dann kommen sie viel lieber und länger zu euch! Gesagt, getan. Dank wundertätiger Investoren und mächtiger Wühlgeräte wurde der Tiefe Grund hurtig verwandelt, daß selbst die Eichkatzeln ihn nicht mehr erkannten. Nun gab's viele bunte Liftsessel, ein Alpenkino, große Bergrutschen von den Gipfeln zu Tal, manch andere Curiosa, und überdies prächtige Zufahrtsstraßen und einladende Parkplätze für die Kutschen der Städter. Hei, mit wie viel Freude wurde Flop-Seppls Werk eröffnet! Doch siehe, kaum schwebte die gute Fee Cashflow ihr erstes Stückchen Weg Richtung Breakeven dahin, vernahmen die Weisen auch schon erste Klagen: Die Einheimischen, ein wehrhaftes Berg-

völklein, beklagten sich bitter, wie man das Wunderwerk ohne ihren Rat hatte errichten können. Die ersten Stadtleut', schon etwas satt vom vielen Schauen und geistigen Hinunterrutschen in der Stadt, fanden das Ganze zuwenig alpin und zu teuer, ihre Rap- und Zap-Kinderchen gar uncool. Die Investoren drängten, auch die undankbaren Einheimischen sollten (mit Ermäßigung, gewiß) das Werk besuchen. Und während sie noch haderten und zankten, da schob Frau Holle Ozonloch und El Niño gegeneinander, daß schwere Wetter und Muren niedergingen. Die Touristenleut' froren jämmerlich, und als gar noch eine Gemse auf die Bergrutsche geriet und an einem Autobus zerschellte, da flüchteten alle Hals über Kopf aus dem Tiefen Grund, und nur die Krähen schaukelten, garstig krächzend, auf der Lifttrosse schaukelten. Zur ewigen Mahnung wurde die Gegend von Abergläubischen 'Tiefer Flop' getauft."
(aus Leomir Petsgrausl „Dämonische Alpen-Marketingsagen, 17. Folge")

Hat eine engagierte Veranstaltung zum Reiz- und Modethema „Themenparks" eine Chance, zwischen der Front des Tourismusinvestments und der alpinen Bevölkerung einen Anstoß zur Diskussion, womöglich zu einem Bewußtseinsbildungsprozeß zu geben? Ist nicht mit den Strukturproblemen und den Nächtigungseinbrüchen des ländlichen Raums (nicht nur in Salzburg-Land) bereits die Bühne frei für den Auftritt der „großen Retter und Macher", die ihre innovativen Marketingkonzepte freundlich, aber ohne Alternative einer nur wenig widerspenstigen Bevölkerung darbieten? Gibt es im Alpentourismus überhaupt noch etwas anderes als „The Show must go on"?

In Goldegg, Salzburg, lief am 24. April zunächst alle anders. Mit Ausnahme eines am Projekt interessierten Vertreters der Salzburg Land Tourismus war kein direkter Projektbetreiber, also weder ein Firmendelegierter noch ein Vertreter der Gemeinde Mittersill, erschienen. Vordergründig, so verlautete es, wollte man sich nicht durch die Presse unter Druck setzen lassen. Eine kurzfristige, hastige Absage bei einer prinzipiell harmlosen, weil nicht politisch maßgeblich lokalen Veranstaltung wirkt als PR-Maßnahme zunächst einmal hilflos und nervös.

Warum diese Gereiztheit? Auf den ersten Blick geht es doch nur um eine Strukturauffrischung des klassischen Alpentourismus, um die Vertiefung altbekannter Inhalte und Symbole, um eine zeitgemäße Karosserie, ein „facelifting". Auf den zweiten Blick bereits geht es um viel mehr, aber das wenigste davon ist rasch verbalisierbar, bewußtseinsfähig, leicht diskutierbar.

Die wertmäßigen Brüche im Diskurs um „*Themenparks*" fanden sich schon vor der Publikumsdiskussion zum geplanten „Alpenpark Mittersill" in den Beiträgen derVeranstaltung. Während der Geograf Weichhart grundsätzlich für Investitionen auf dem „Event-"Markt eintritt, aber Sekundärfolgen kritisch abwägen will, äußert Veranstalter und Architekt Rieder fundamentale Kritik an einer kapitalistischen Gewinnmaximierungsmaschine, die lokale Bedürfnisse einfall überrollt und „planiert". Der Soziologe Bachleitner und der Psychologe Kagelmann sind sich prinzipiell einig, daß moderne Themenparks Erfolgsmodelle sind, wobei Bachleitner für eine vorsichtige Zielbestimmung plädiert, während Kagelmann meint, daß der Zug längst abgefahren sei und in Mitteleuropa viele Lektionen von amerikanischen Betreibern zu lernen wären. Der US-erfahrene Raumplaner Drost wiederum stellt der konsumistischen „Mega-Maschine" die Kraft gelungener Planungspartizipation vor Ort entgegen. In einem gemeinsamen Beitrag warnen die Volkskundlerin Kammerhofer und der Umweltpsychologe Keul vor einer unreflektierten Neuauflage der alten „Echtheits-Debatte" und definieren touristische „Echtheit" als betrachtergebunden, stellen aber gleichzeitig die Moral- und Sinnfrage. Es gebe keinen „sanften" Tourismus, jede Art von Vermarktung schaffe auch destruktives Potential. Die Zukunft des Alpentourismus bestehe nicht in der Aufrechterhaltung der Spaltung zwischen „heiler Welt" und „wertlosem Kitsch", sondern in der aktiven Versöhnung von Projektion, Phantasien und Lebensräumen durch Partizipation und unter Beachtung sozialer und ökologischer Nachhaltigkeit.

Solcherart bereits aufgeladen, blieb die Publikumsdiskussion keine einseitige „Projektschelte", sondern zeichnete weitere wichtige Facetten des Themas:

- Ist Mittersill *der logische Standort* eines Themenparks in Verbindung mit dem schon existierenden Nationalpark? Es wurde auch Bruck an der Glocknerstraße genannt.
- Ist *Öffentlichkeitsarbeit* lokal, aber Schweigen nach außen, so auch wieder vor dieser Veranstaltung, dazu geeignet, Verschwörungstheorien zu entkräften? Es wäre intelligent, sich vom Bild in den Köpfen („schnapstrinkende, rauchende Herrenrunde macht, was sie will") per Dialog zu distanzieren.
- Was ist überhaupt *ein Alpen-Themenpark in den Alpen*? Eine Verdopplung der physischen Realität, ein aufgemotzter Goldrahmen zum „Naturbild"? 1998 zeigten zwei Kunstausstellungen in

Krems und Wien, wie schwer es selbst für Künstler ist, sich unbefangen und schwungvoll mit dem Thema Alpen auseinanderzusetzen. Tief lasten die Klischees, glüht das Alpenrot, hinter jeder Ecke lauern Gams und Förster. Film- und Comic-Realität à la *Micky Maus* oder *Asterix* ist dagegen keine bloße Verdopplung, sondern verschmilzt Objekte und Charaktere zu einer *neuen* Phantasiewelt. Erfolgreich geschehen auch in den Alpen bei Heide und Schlafes Bruder – aber welche Geschichte kann Mittersill glaubwürdig erzählen? Der Architekt Rieder sinnierte dazu, vielleicht wäre der Mythos die einzige alpine „Identität".

- Heftig diskutiert wurde die Möglichkeit, durch *Investoren Innovationen* zu schaffen. Aber Wettbewerbe, so Drost, seien wirtschaftlich ein Desaster; der Investor wolle das nicht riskieren, er wolle keine Vorinvestition. Investoren wären selten kreativ, häufiger dagegen „abgegriffen"; eine wohltemperierte Architektur sei zu bevorzugen.
- Die noch grundlegendere Frage lautet: *Was ist überhaupt innovativ?* – „Mehr desselben" (so Paul Watzlawick), also die siebenhundertste Sommerrodelbahn, jedenfalls nicht. „Be different!" mahnt das Marketingbuch. Innovativ kann das „Verrückte" das Niedagewesene, wie die historischer Salzburger „Chinesenstadt", die „Weltmaschine" oder die Therme Blumau. Anderseits garantiert „verrückt" allein noch keinen Besichtigungserfolg. Vergnügungs- und Themenparks, das zeigte sich bei Coney Island, N.Y., stehen unter Originalitätsdruck, müssen ständig lauter, bunter, größer werden. Für den Alpentourismus insgesamt wäre das kontraproduktiv, weil sich so das historisch gewachsene Alpenbild auflöst. Schließlich haben auch die Amerikaner Disneyland nicht in den Grand Canyon hineingebaut.
- *Für welche Zielgruppe(n)* wird geplant? Ähnlich wie die Österreichwerbung einmal zu stark auf Extremsportler (eine Untergruppe der maximal 10% auf Sport fixierten Urlauber) gesetzt hatte, würden nun Erlebniswelt-Interessierte (laut deutschen Marktforschungsergebnissen maximal 15% der Touristen) mit 8 oder 10 allein in Österreich geplanten neuen Themenparks überbedient. Ein „Netzwerk Tourismusforschung", ein touristischer *Think Tank*, wie es für Salzburg und Südbayern bereits existiert, könnte hier Visionen entwickeln.

- *Ist touristische Nutzung ein wirtschaftliches Allheilmittel?* Drost dazu: „Es muß auch etwas anderes als Tourismus geben. Leben hier Leute? Was kann noch passieren statt große Erfolge mit großen Zahlen?" Er schlug Arbeitskreise und kleine Schritte vor, ein anderes Standbein *neben* (z.T. statt) dem Tourismus. „Planer sind Moderatoren, müssen Kultur als Investition einbringen."
- Abschließend ging es um die Frage Vergangenheits- oder Zukunftsbezug. Gastgeber Schwaighofer sah in Salzburg Großevents oder Vergangenheitsbezug, in Oberösterreich hingegen vorwärtsorientierte Ideen wie das „Festival der Regionen". In Mittersill werde der zweite Schritt vor dem ersten getan. Man sollte erst eine gute Idee haben und dann ein Projekt daraus machen.

Sowohl die Veranstaltung selbst als auch die Schlußdiskussion zeigten das Interesse und die Entschlossenheit der Salzburger Kulturinteressenten, an den aktuellen Themenpark-Planungen mitzuwirken. Auch Massentourismus ist im Sinne der CIPRA-Alpenkonvention „Kultur", von allen Betroffenen mitzuformen und mitzutragen. Richtig verstandene Tourismusinnovation ist immer kulturelle Konzeptarbeit – bloße Imitation, wie bei der „Sisi-Welle", schafft „me too-Produkte", keine neue Qualität.

Neue Produkte lassen sich im Zuge der *McDonaldisierung* touristischer Angebote aus immergleichen Versatzstücken rasch montieren und arrangieren, aber nur durch Zusammenarbeit mit Fachleuten und Kultursensiblen emotional stimmig gestalten und ins soziale Umfeld integrieren. Tourismus muß kein Fremdkörper sein und trägt, vorsichtig umgesetzt, sogar zur Erhaltung und Belebung lokaler Kultur bei.

Wie Kammerhofer in ihrem Beitrag betont, ist der herrschende Dualismus des Denkens Quelle für endlose Schwarz-Weiß-Malereien. Natur ist gut, Kultur ist suspekt. Alpen sind gut, Tourismus ist böse. Authentisches ist heilig, Überformt-populäres ist eine Sünde. Und so weiter, und so weiter. Daß der Verfasser dieses Beitrags, selbst „Micky Maus"-Jungleser, trotz gegenteiliger Prognosen seiner Volksschullehrerin „normal" Schreiben und Lesen gelernt hat, bewies ihm schon in seiner Jugend, daß es im Schmutz und Schund-Diskurs primär um lieb gewordene Kulturmuster und um die Angst vor Neuem ging. Konservativ sein zu wollen, neben Dirndl und Lederhose weder Minnie Maus noch Themenpark zu begehren, das war eine Beharrungsreaktion, über die sich leicht lachen ließ, solange man im eigenen Urlaub nicht beim Konsum von Original-Obstler, echtem Sirtaki oder Schamanismus direkt vom Meister ertappt wurde.

Letztlich geht es sozial und kulturell immer um dialektische Prozesse und Bourdieusche Distinktionen, um Figur und Hintergrund, um Reaktion und Gegenreaktion. Leben findet nicht in Spiritus, unterm Quargelsturz, statt, sondern spielt mit den Angeboten der Welt – der räumlichen Umgebung, sozialen Traditionen, Medieninhalten, avantgardistischen Phantasien. *„The right to choose"* (so die Werbewirtschaft) ist heute (wohlgemerkt für zahlende Gäste) stärker als zur Jahrhundertwende. Tourismus als Bühne alternativer Lebensentwürfe (so die Branche) oder kurze, teure Flucht aus dem Alltag (so die Kritiker) ist ein Konsumphänomen, das auch gestaltet, nicht bloß erduldet werden sollte.

Wenn die Region Pinzgau einen Themenpark haben will, dann sollten sich alle Betroffenen kreativ in dessen Themenwahl und in die soziale Signalwirkung, Corporate Identity und Corporate Design der Region, einbringen, anstatt ängstlich konfektionierte Vergnügungsobjekte von der Stange zu kaufen. Und zuletzt noch der Wunsch des Träumers: Warum zum tausendsten Riesenrad das tausendundeinste stellen? Könnte nicht auch Langsamkeit, Achtsamkeit, Erleben kleiner Dinge des Alpenraums, therapeutisch Zeit für sich haben eine echte Sensation darstellen? Vielleicht kommt Nadolny (zu Fuß) als Projektkonsultant nach Mittersill..?

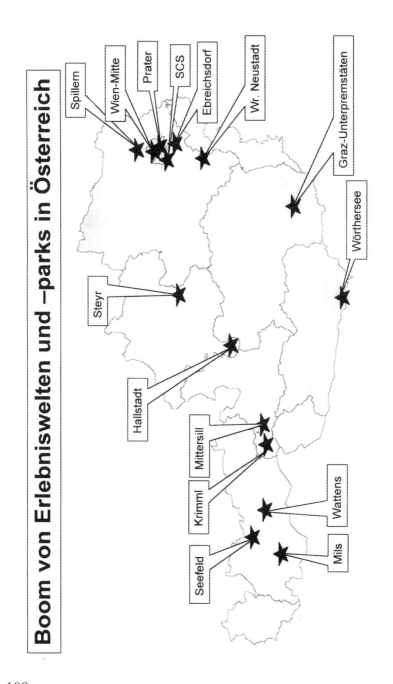

Die Autoren und Autorinnen

Bachleitner, Reinhard, Dr., o. Univ.Prof. an der Universität Salzburg, Institut für Kultursoziologie. Nach dem Studium der Soziologie, Geographie, Pädagogik, Psychologie u. Sportwissenschaften Habilitation; Arbeits- und Forschungsgebiete: Sport-, Freizeit-, Kultur- und Tourismussoziologie. Zeitschriften u. Buchveröff. dazu, zuletzt: „Der durchschaute Tourist. Arbeiten zur Tourismusforschung" (Hg. mit H. J. Kagelmann u. A. G. Keul, München 1998); „Flughafen aus soziologischer Sicht", Salzburg 1998; „Der alpine Skisport", Innsbruck, 3. Aufl. 1998). Adresse: Institut für Kultursoziologie, Universität Salzburg, Rudolfskai 42, A -5020 Salzburg.

Kagelmann, H. Jürgen, Dr. phil., Studium der Psychologie und Soziologie, Verleger in München; Lehrbeauftragter an den Universitäten/Fachhochschulen Magdeburg, Leipzig, Wien, München für Medienwissenschaft und Tourismuswissenschaften; Forschungsgebiete: Klinische und Sozialpsychologie des Tourismus; Reisemotive; Freizeitwelten. Organisation von Fachtagungen und Kongressen, zuletzt: „Reisezeit – Lesezeit" (Weimar 1998). Zeitschriften- und Buchveröffentlichungen zu diesen Themen, zuletzt: „Tourismuspsychologie und Tourismussoziologie. Ein Handbuch zur Tourismuswissenschaft" (Hg. mit H. Hahn; München 1993); „Tourismuswissenschaft" (Hg., München 1993); „Sozialpsychologie des Reisens" (Studienbrief, FernUniv. Hagen, 1995); „Tourismus" (Hg.) Gruppendynamik, Bd. 1/1996 (Opladen); „Who's Who im Comic" (München 1997); „Tourismus und Gesundheit" (Hg.) Psychosozial, 1997 (Gießen); „Erlebnisurlaub ja oder nein? Freizeitwelten pro und contra!" (Dokumentation 1. CBR-Tourismus Symposium Messe München (Hg. mit W. Ratzinger, 1998); „Voyage. Jahrbuch für Reise- und Tourismusforschung" (Mithg., Bd. 1: Köln 1997, Bd. 2, 1998); „Der durchschaute Tourist. Arbeiten zur Tourismusforschung" (Hg. mit R. Bachleitner u. A. G. Keul, München 1998; Adresse: Veilchenstr. 41, D-80689 München.

Kammerhofer, Ulrike, Dr. phil., Studium der Volkskunde und Kunstgeschichte in Graz, seit 1987 Leiterin des Salzburger Landesinstitutes für Volkskunde. Hrsg. der „Salzburger Beiträge zur Volkskunde". Letzte Buchveröff. u.a.: „Tourismus und Regionalkultur, Österr. Volkskundetagung in Salzburg, 1992" (Hg. mit B. Pöttler, Wien, 1993); „Trachten nicht für jedermann? Heimatideologie und Festspieltourismus dargestellt am Kleidungsverhalten in Salzburg zwischen 1920 und 1938" (Hg. mit A. Scope u. W. Haas, Salzburg, 1993); „Herzlich willkommen! – Rituale der Gastlichkeit". (Hg. mit L. Luidold u. C. Schwaighofer, Salzburg, 1997); „The Sound of Music" (Hg., 1998 i.E.). Adresse: Salzburger Landesinstitut für Volkskunde, Richard-Wolfram-Forschungsstelle, Mühlbacherhofweg 5/1, A-5020 Salzburg.

Die Autoren und Autorinnen

Keul, Alexander G., geb. 1954, Dr. phil., Ass.Prof. an der Univ. Salzburg, Studium der Meteorologie, Psychologie und Publizistik in Wien und Salzburg, Arbeits- und Forschungsschwerpunkte: Umwelt-, Architektur-, Gesundheits-, Freizeit- und Tourismuspsychologie; Vorträge, Buch- und Zeitschriftenveröffentlichungen zu diesen Themen; zuletzt: „Wohlbefinden in der Stadt. Umwelt- und gesundheitspsychologische Perspektiven" (Hg., Weinheim 1995); „Die Straße der Ameisen. Beobachtungen und Interviews zum Salzburger Städtetourismus" (zus. mit A. Kühberger; München 1996), „Der durchschaute Tourist. Arbeiten zur Tourismusforschung" (Hg. mit R. Bachleiter u. H. J. Kagelmann, München 1998). Adresse: Plainstraße 62/122, A-5020 Salzburg; Email: alexander keul @sbg.ac.at.

Rieder, Manfred Maximilian, geb 1957, Dipl.-Ing., Studium der Kulturtechnik und Wasserwirtschaft an der Universität für Bodenkultur Wien, Studium der Architektur an der Hochschule für angewandte Kunst Wien, Mag.-arch., Architekt und Ingenieurkonsulent seit 1992, Lehrbeauftragter für Städtebau an der Hochschule für angewandte Kunst Wien, Lehrbeauftragter für Architektur und Umweltgestaltung an der Hochschule für darstellende Kunst Mozarteum Salzburg, zuletzt 1998 Gastprof. an der Techn. Univ. Wien; Ateliers in Salzburg-Grödig und Wien; u.a. Staatspreis für industrielle und gewerbliche Bauten, Großer Österreichischer Wohnbaupreis, Josef Frank Preis, Veröffentlichungen von Bauten und Projekten in Fachjournalen, zuletzt in Architektur Aktuell, Architektur und Bauforum: Kindergarten Aigen X, Salzburg, zuletzt Projekte Funpark Leoben, Werkverzeichnis MXR. Arbeitsschwerpunkte neben Objektplanungen, Städtebaukonzepte & Beratungen, interdisziplinäre Projekte & Moderation. Adresse: A-1020 Wien, Engerthstrasse 221/19 Tel +43 (1) 7283443, A-5082 Grödig-Salzburg, Pflegerstraße 6 Tel +43 (6246) 76749; Email: maxriederarchitektur@EUnet.at

Weichhart, Peter, Univ.-Prof. Dr.; Leiter der Abteilung für Humanökologie am Geographischen Institut der Universität Salzburg; Fellow of the Institute (Ehrenmitglied) des Institute for Human Ecology, Sonoma, Cal., USA; Vorstandsvorsitzender des Salzburger Instituts für Raumordnung und Wohnen (SIR); Mitglied des Wissenschaftlichen Rates der Akademie für Raumforschung und Landesplanung, Hannover (ARL); Ordentliches Mitglied der Akademie für deutsche Landeskunde (DAL). Arbeitsschwerpunkte: Methodologie und Wissenschaftstheorie im Fach Geographie, Wohn- und Wanderungsforschung, Humanökologie, Stadtgeographie, Wirtschafts- und Sozialgeographie, Theorie der Gesellschaft-Umwelt-Beziehungen, Regionalforschung und Regionalentwicklung, Raumordnung und Raumplanung. 108 wissenschaftliche Veröffentlichungen, darunter 6 Einzelwerke als Alleinautor und 2 Einzelwerke als Koautor; 10 Veröffentlichungen in Druck. Preis des Kulturfonds der Stadt Salzburg (1987), Walter-Christaller-Preis für Angewandte Geographie (1996). Adresse: Institut für Geographie der Universität Salzburg, A-5020 Salzburg, Hellbrunnerstraße 34. E-Mail: hyperlink mailto:Peter. Weichhart@sbg.ac.at Peter.Weichhar t @sbg

Alexander G. Keul, Anton Kühberger

Die Straße der Ameisen

Beobachtungen und Interviews zum Salzburger Städtetourismus

1996, 84 S., br., ISBN 3-89019-400-1 (Tourismuswiss. Manuskripte 1)

„Im Detail noch weniger erforscht als das Leben der Grizzlys ist freilich jenes des gewöhnlichen Städtetouristen. Was sucht er überhaupt in einer Stadt, welches sind seine Trampelpfade..? ... und so schickten Keul und Kühberger, Umweltpsychologen an der Universität Salzburg, ihre fleißigen Studenten zum Touri-Watching" (FOCUS)

Eine breite Ameisenstraße des Kulturtourismus führt pro Jahr etwa 4 Millionen Tagesbesucher in die Salzburger Altstadt. Dieses Buch gibt Auskunft darüber, wie Salzburg zur Mozartstadt wurde, was Tourismusforschung unter die Lupe nimmt, welche geheimen Nutzungs- und Verhaltensmuster von „Ameisen wie du und ich" in Salzburg entdeckt wurden, und wie nachhaltiger und qualitätsvoller Städtetourismus der Zukunft erreicht werden kann.
Den Mittelpunkt bildet die Beschreibung einer Studie, in deren Verlauf die internationalen Besucher der Salzburger Altstadt verdeckt beobachtet und interviewt wurden.
Die Analysen zeigen entgegen den Erwartungen keine starken individuellen Unterschiede im Verhalten der Touristen, sondern ein Standardmuster. Der touristische Besucherstrom fließt langsamer als jener der Einwohner im Alltag, konzentriert sich auf weniger Hauptrouten und massiert in Sommer- wie Wintersaison an denselben zentralen Orten; die Einkaufsabsichten der Besucher sind darüber hinaus, auch entgegen den Erwartungen, bemerkenswert gering ausgeprägt. Der touristische Alltag in Salzburg bestätigt so die Realität von „behavior settings", d.h. stabilen Wechselwirkungsmustern zwischen Orten und beliebigen Personen.

Tourismuswissenschaftliche Manuskripte
im *PROFIL VERLAG*

Felizitas Romeiß-Stracke

Tourismus – Gegen den Strich gebürstet ...

Essays

1998, 148 S., br., ISBN 3-89019-406-0 (Tourismuswiss. Manuskripte 2)

Schlaglichter auf Probleme und Perspektiven des Tourismus der 90er Jahre. Provozierend und scharf in der Analyse, mit wertvollen Hinweisen für diejenigen, die in der Praxis des Tourismus arbeiten, wie die Zukunft aussehen könnte.
Die Autorin ist Professorin für Tourismus- und Freizeitmanagement im Fachbereich Tourismus der Fachhochschule München und berät seit 20 Jahren Freizeit- und Tourismusregionen und Unternehmen.

Inhalt:

Vorwort
1. Tourismus als Leitökonomie der Moderne
2. Wege in die Zukunft:
Hilfestellungen für den Umgang mit Veränderungen
3. Traum-Urlaub und Urlaubs-Traum
4. Rund um die Welt – im Jet oder im Cyberspace?
Zur Bedrohung der Touristik-Branche durch Multimedia
5. Trends und Gegentrends.
Ein Gespräch mit Hansruedi Müller über die Zukunft
6. Qualität im Tourismus. Vom Schlagwort zum Programm
7. Dienstleistung und Terminologie im Tourismus
8. Neue Prioritäten für die Tourismuspolitik in Deutschland:
Acht Forderungen
9. Freizeitmobilität – Dimensionen, Hintergründe, Perspektiven
10. Tourismus und Ökologie – ein Dauerbrenner?
11. „Vorwärts – zurück zur Natur?"
Über den Wandel des Urlaubs auf dem Lande
12. Tourismus und Architektur. Architekten und Touristiker

Tourismuswissenschaftliche Manuskripte
im
PROFIL VERLAG

R. Bachleitner, A. G. Keul, H. J. Kagelmann (Hg.)
Der durchschaute Tourist
Arbeiten zur Tourismusforschung

220 S., br., 1998, ISBN 3-89019-405-2 (Tourismuswiss. Manuskripte 3)

Einleitung.
Reinhard Bachleitner, Hanns Haas: Zur Paradoxie in der Tourismusforschung
Teil I Theoretische Beiträge
Hasso Spode: Wie vor 50 Jahren *keine* theoriegeleitete Tourismuswissenschaft entstand – *Heinz-Günter Vester:* Soziologische Theorien und Tourimus – eine Tour d'horizon – *Karlheinz Wöhler:* Sozialwissenschaftliche Tourismusforschung im vorparadigmatischen Zustand? – *Reinhard Bachleitner:* Anmerkungen und Anregungen zur Theorie– und Modellbildung in der Tourismussoziologie und das Problem des Tourismusrückgangs aus soziologischer Sicht – *Max Preglau:* „Kolonialisierung der Lebenswelt"? Zum heuristischen Potential und zur empirischen Bewährung eines Theorems in der „Bereisten"-Forschung – *Martin Weichbold:* Bereiste Natur? Zur Rolle der „Natur" im Tourismus – *Axel Schrand:* Transdisziplinäre Tourismuswissenschaft. Ansätze, Chancen und Probleme
Teil II Empirische Analysen und Ansätze
Robert Hofmann: „Die Fremden sind jetzt unsere Götter". Tourismus und sozialer Wandel im Bundesland Salzburg, 1945-1997 – *Kurt Luger*: Alpenjugend im Modernisierungsstress – *Ulrike Heß:* Die Debatte um die Völkerverständigung durch Tourismus: Entwicklung einer Idee und empirische Befunde – *Peter Schimany:* Alter und Tourismus – *Christoph Becker:* Reisebiographien und ihre unendlichen Auswertungsmöglichkeiten – *Alexander G.Keul:* Ameisenstraße für Individualisten – Feldbeobachtungen im Städtetourismus – *Manfred Knoche, Constanze Farda:* Medien-Monitoring: Österreich-Tourismus in der Länderkonkurrenz – *Ulrike Kammerhofer, Monika Gaurek:* Volkskundliche Tourismusforschung – *Michael Rotpart:* Reisezeit, Zeitreisen. Reflexionen zum Individualtourismus
Teil III Erfahrungsberichte aus der Praxis
Heinz Hahn: Beobachtungs– und Befragungsstudien am Urlaubsort – *Dietmar Kepplinger:* Transferplattform Tourismusforschung. – *Burkhard Schmidt:* Psychotherapeutische Aspekte des Reisens – *Reinhard Schober:* „Guten Morgen, Bad Übermorgen!"

Tourismuswissenschaftliche Manuskripte
im ***PROFIL VERLAG***